FRANKREICH

Dank, daß ich in dir leben darf, Frankreich. Du bist nicht meine Heimat,
... ich habe deine Kinderverse nicht auswendig im Kopf, nicht
bei dir bin ich verliebt durch die Straßen gelaufen. ... Und doch bin ich
bei dir zu Hause. Du warst gastlich vom ersten Tage an. ...
Ja, du hast das größte Glück gegeben, das eine Umgebung verleihen kann.
Lieben kann man überall, Geld gewinnen kann man überall, das
äußere Wohlsein erreichen kann man überall. Aber um nichts glücklich sein,
durch die Straßen streichen und die Häuser mit dem Blick umfangen:
Gott sei Dank, daß ihr alle da seid! zum Nachbar ja sagen, immer nur runde
Ecken vorfinden, betrunken sein, weil man diese Luft einatmet: das
kann man nur bei dir. Deine Vergnügungen sind es nicht, deine Frauen sind
es nicht, deine Kunstwerke sind es nicht. Nichts ist es und alles
zusammen – du bist es.

Kurt Tucholsky, Dank an Frankreich, 1927

FRANKREICH

Fotografie Martin Thomas
Text Michael Neumann-Adrian
Constanze Kirmse

Bucher

INHALT

Bildkapitel
Martin Thomas

Burgund, Elsaß und Lothringen	25
Normandie und Bretagne	45
Paris, Île de France und die Schlösser der Loire	67
Dordogne, Atlantikküste und Pyrenäen	93
Languedoc, Provence und Côte d'Azur	117
Zentralmassiv und Savoyen	137

Der Magnetberg
Kultur und Lebensart der Grande Nation 11
Michael Neumann-Adrian

Frankreich, als es noch nicht Frankreich war	12
Das Werden einer Nationalsprache	12
Von den Merowingern zu den Bourbonen	15
Kathedralen für die Könige	18
Licht und Schatten der Grande Nation	23
L'Empereur: Glanz und Schatten	24
Auf der Spur der Künste	35
Die blaue Küste der Künstler	36
Revolutionen im Restaurant	41

Seite 1: In einer alten Gasse des Städtchens Brignoles, Provence.

Seite 2/3: Auf den großen Fang warten und das milde Abendlicht genießen … Anglerfreuden im Ouche-Tal, Burgund.

Oben: Sanfter Duft und üppige Farbenpracht – ein blühendes Lavendelfeld in der Provence.

Seite 6/7: Blick auf den Boulevard Fernand Moureaux am Hafen von Trouville.

Seite 8/9: Im Tal von Gavarnie. Die kleinen Wege entlang der Sturzbäche wurden einst von Hirten, Pilgern und Schmugglern begangen, heute genießen auch Bergtouristen die grandiose Landschaft der Hochpyrenäen.

Tafelfreuden im Land der Gourmets	42
Dichtung und Wahrheit: L'amour in Frankreich	44
Von der «Comédie humaine» zum französischen Kino	59
Wo die Bilder laufen lernten	60
Frankreichs Lied: Das Chanson	65
Zweifel an Frankreich?	66

Karten:
Karte zu den Reiserouten durch Frankreich	89
Stadtplan von Paris	151
Karte von Frankreich	155

REISE ✦ FÜHRER

Constanze Kirmse

Inhalt · Kleine Landeskunde	83
Daten zur französischen Geschichte	86
Reiserouten durch Frankreich	88
Parfum – ein Hauch des französischen Himmels	90
À votre santé: Frankreichs Weine	111
Sehenswerte Orte und Landschaften von A bis Z	112
Frankreich im Licht: Die Impressionisten	133
Perestroika im Louvre	149
Register	156

Die Größe des Zweiten Kaiserreichs präsentiert sich im klassizistischen Palais Longchamp in Marseille. Über die geschwungene Prachttreppe gelangt man heute zu den beiden hier untergebrachten Museen, dem Musée des Beaux-Arts und dem Musée d'Histoire naturelle.

Der Magnetberg
Kultur und Lebensart der Grande Nation

Michael Neumann-Adrian

«Wenn man nur früh genug aufsteht, dann kann man – kein Märchen! – das noch erleben: Lauter Franzosen, die mit langen Weißbrotstangen unterwegs sind», erzählt ein Student, eben aus Frankreich zurückgekehrt.

Eine junge Frau berichtet nach ihrem zweiwöchigen Campingurlaub in der Normandie: «Die Franzosen haben bei ihren Zelten immer große Tafeln gehabt, sie haben die Schüsseln schön hergerichtet, egal, ob sie selbst Fische gefangen haben oder nicht, sie haben mit Lust gegessen.»

Ein Ehepaar, passionierte Frankreichfahrer: «Etwas ganz Besonderes jedesmal wieder ist das Eintreten in die französische Landschaft – diese Weizenfelder, diese Weite, wenn Du nach Lothringen hineinkommst!»

Ein renommierter Gastronomiekritiker charakterisiert die Elsässer: «Die Lebenslust wurde den Menschen dieser Landschaft in die Wiege gelegt wie das Geschenk einer guten Fee.» Und Henry Miller – um nur einen von vielen prominenten Frankreich-Fans zu nennen – schrieb einmal über den Südwesten Frankreichs, er müsse «schon vor Tausenden von Jahren ein Paradies gewesen sein».

Man braucht nur hinzuhören, und man spürt: Das sind keine Auskünfte, es sind Liebeserklärungen an Frankreich und französische Lebensart, mit einem kleinen «So-möchten-wir-auch-leben-können»-Unterton. Ob die Lichter von Paris oder die Olivenbäume der Côte d'Azur, die Rebhänge Burgunds oder die Skihänge der französischen Alpen, ob die Kathedralen von Chartres und Reims oder die Ateliers von Cézanne, Renoir und Picasso: Frankreich liegt zwischen Mittelmeer, Atlantik und Rhein wie ein Magnetberg, der Menschen mit unterschiedlichsten Erwartungen aus aller Welt anlockt, anzieht und festhält.

Wen die Liebe zu *la douce France*, dem «süßen», dem lieblichen und liebenswürdigen Frankreich, nicht ganz blind macht, der nimmt freilich auch das andere, das High-Tech-Gesicht dieses Landes wahr. Franzosen und Briten bauten das erste Passagierflugzeug, das mit Überschallgeschwindigkeit fliegt. Als der britische Partner unter der Kostenlast aufgeben wollte, setzten die Franzosen das sündteure «Concorde»-Projekt dennoch durch. In keinem anderen europäischen Land stehen so viele Atommeiler wie in Frankreich. Rund Dreiviertel der elektrischen Energie Frankreichs wird mit Kernkraft erzeugt. Die Rentabilitätsrechnung ist allerdings umstritten, die Entsorgung des strahlenden Abfalls ungeklärt. An der europäischen Rakete «Ariane» hat Frankreich den größten finanziellen Anteil. Seit Anfang der achtziger Jahre tragen «Ariane»-Raketen von der Raumfahrtstation Kourou in Französisch-Guyana Satelliten in den Weltraum. Ebenso lange schon fahren die *Trains à grande vitesse*, die TGV-Hochgeschwindigkeitszüge, allen anderen europäischen Eisenbahnen davon.

Solche Technikrekorde produziert niemand in alten Burgen, Bistros und Hausbooten, man braucht eine technisch hochentwickelte Infrastruktur. Mit Schnellstraßen, Autobahnkreuzen, Satellitenstädten hat Frankreich längst teil an der industriellen Betonierung der Erdoberfläche. Wer unversehens in einer der *Nouvelles Villes* im Umkreis von Paris, Lyon oder Marseille erwacht, glaubt sich vielleicht in Washington oder Frankfurt, zuallerletzt aber in *la douce France*. Und fragt sich ratlos, wenn er dann französisch sprechen hört, wie denn ein Land zwei so grundverschiedene Gesichter zeigen kann.

Ist die Gegenwart schwer durchschaubar, kann die Suche nach ihren Wurzeln in der Geschichte zu einem Durchblick auf das widersprüchliche Heute verhelfen. Frankreich, soviel ist schon gewiß, gehört zu jenen Ländern, in denen die eigene Geschichte nicht geleugnet, sondern immer wieder zelebriert wird.

Frankreich, als es noch nicht Frankreich war

Ein Zauberer mit Tiermaske steht am frühen Beginn der Kunst auf dem Boden Frankreichs – nämlich am Eingang der Höhle von Lascaux. Mit ihren Gängen und Hallen rund hundert Meter lang, wurde diese Bildergalerie aus der Steinzeit erst 1940 entdeckt. Lascaux ist mit über 800 Bildwerken weltweit eines der großartigsten Zeugnisse aus der Ära der Jäger und Sammler. Die Kalkberge der Dordogne im fruchtbaren, für seine Trüffeln berühmten Périgord, östlich von Bordeaux, bewahren aber noch Hunderte anderer Zeugnisse prähistorischen Jagd- und Fruchtbarkeitszaubers, Bilder von Hirschen und Wildpferden, Stieren und Bären, zum Beispiel bei Les Eyzies und in der Rouffignac-Höhle. So heftig wurde in Lascaux der Besucherzustrom, daß dort 1983 eine täuschend echte Rekonstruktion der Höhle, «Lascaux II», für die Touristen eröffnet wurde.

Ob 30 000, ob 15 000 Jahre nach den Künstlern von Lascaux – die Datierungen sind weitmaschig –, jedenfalls gründeten im 6. Jahrhundert v. Chr. griechische Siedler aus dem kleinasiatischen Phokäa (beim heutigen Izmir) an der Mittelmeerküste Massilia (Marseille) einen so erfolgreichen Handelsplatz, daß bald die Tochterniederlassungen Monoikos (Monaco), Antipolis (Antibes) und Nikaia (Nizza) folgten. Man hat griechisch gesprochen an der Côte d'Azur, hat Tempel gebaut. Davon ist heute nichts mehr zu sehen, aber heiter wird alle Jahre am 21. Juni die Stadtgründung gefeiert, als «Hochzeit Marseilles mit dem Meer».

Ligurer, Iberer und Kelten bewohnten damals das Gebiet zwischen Mittelmeer, Pyrenäen, Ärmelkanal, Rhein und Alpen. Nach einem keltischen Stamm, den Galliern, gaben die Römer dem Land den Namen Gallia, der noch heute im «gallischen Hahn» nachklingt. Viel zu wenig weiß man von der keltischen Kultur des alten Gallien, von ihren Druiden – den Priestern, Sterndeutern, Heilkundigen – und Barden – den Liedersängern und Geschichtenerzählern –, weil diese Kultur nichts Schriftliches hinterließ und keine Bauten. Das meiste, was wir wissen, hat uns Cäsar erzählt, in der bekannten Schülerplage «De Bello Gallico».

Roms unwiderstehlicher Zugriff auf Gallien ist von Franzosen noch im 19. Jahrhundert als nationale Katastrophe beklagt worden. Der deutsche Romanist Ernst Robert Curtius, einer der eloquentesten Frankreichkenner, sah das anders: «Das Galloromanentum ist der Wurzelboden der französischen Kultur. [...] Frankreich setzt die antike Kulturidee in der modernen Welt fort, aber nicht etwa, weil es sie übernommen hätte, sondern weil es in ihr geboren ist.»

Als monumentales Herrschaftszeichen steht der Triumphbogen Roms im südfranzösischen Städtchen Orange. «Schönste Mauer des Königreiches» nannte Ludwig XIV. am gleichen Ort die alles überragende Bühnenwand des «Théâtre antique» aus dem 1. Jahrhundert n. Chr. Weniger augenfällig, aber tiefwurzelnd lebt antik Römisches vielfältig im Denken, in der Rechtsordnung, in der Philosophie Frankreichs fort, eine Erbschaft, die den Galliern mit der «Rustica Lingua Romana» zufiel. Keltisches überdauert nur in wenigen Hundert Worten.

Das Werden einer Nationalsprache

Diese «Lingua Romana» aus dem geerbten Vulgär-Latein nahm im Norden Galliens einen anderen Klang an als im Süden: «Langue d'oil» wurde im Norden, «Langue d'oc» im Süden gesprochen (*oil* und *oc* entsprechen dem späteren *oui*, ja). In die «Langue d'oil» mischte sich der Spracheinfluß der Franken, die seit dem 3. und 4. Jahrhundert über den

In ganz Frankreich finden sich bedeutende Zeugnisse europäischer Vor- und Frühgeschichte.

Oben: Wuchtige Steingräber und Steinsetzungen als rätselhafte Spuren einer nahezu unbekannten Zivilisation vom Ende der jüngeren Steinzeit auf der bretonischen Île Grande.

Mitte links: «Stürzendes Pferd», Detail eines der berühmten Höhlenbilder von Lascaux, die zu den ältesten Kulturdenkmälern der Menschheitsgeschichte zählen.

Mitte rechts: Die berühmte «Venus von Laussel», etwa 18 000 v. Chr. geschaffen von den in Felshöhlen des Vézère-Tals und der Dordogne lebenden Cromagnon-Menschen.

Unter: Zu den besterhaltenen Bauten der Römerzeit gehört die unter Julius Cäsar errichtete Arena von Arles, heute vielbesuchter Schauplatz von Stierkämpfen.

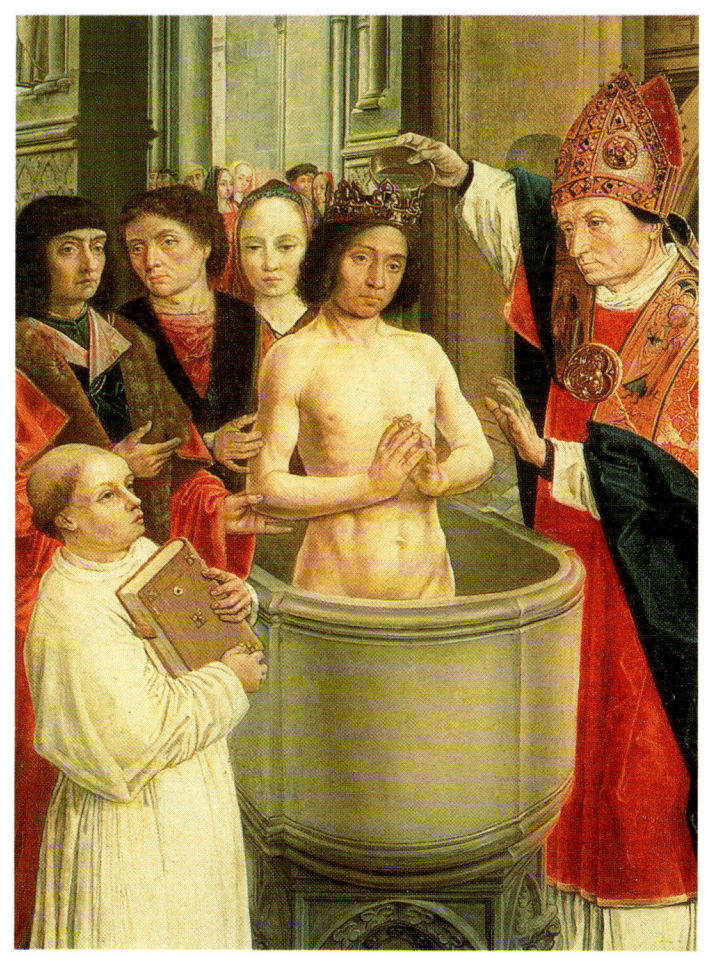

Links: Die Taufe Chlodwigs. Bischof Remigius von Reims tauft den König aus dem Haus der Merowinger, der im 5. Jahrhundert das Frankenreich begründete (Altartafel des Meisters von Saint-Gilles, um 1500).

Rechts: Karl der Große (768–814) auf einem Gemälde von Albrecht Dürer. Der König der Franken und römische Kaiser wird als Reichsschöpfer und christliches Herrscherideal des Mittelalters von Deutschen und Franzosen gleichermaßen verehrt (1512, Germanisches Nationalmuseum, Nürnberg).

Rhein nach Gallien eindrangen. Daraus wuchs das *Français*, das Französische. Aus der «Langue d'oc», dem «Okzitanischen», wurde die Sprache der Troubadoure und in der Folge das noch heute gesprochene Provençalisch mit seinen Mundarten. Die Sprachgräben zwischen Französisch und Provençalisch reichten tiefer, als man außerhalb Frankreichs wahrnehmen konnte – wie ja auch kaum bekannt ist, wie lange Frankreichs Könige brauchten, bis sie die Provence ihrem Kronland hinzuzugewinnen vermochten. Es gelang ihnen erst im Jahr 1481.

Frankreichs zentrale Macht und feudale Kultur haben es später, zum Staunen seiner Nachbarn, über Jahrhunderte hin zuwege gebracht, so unterschiedliche Völker wie Basken, Bretonen, Alemannen und Burgunder zu Franzosen zu machen. Es entstand die französische Nation – und die Sprachpolitik ist ein gutes Beispiel, wie die Franzosen, ob als Untertanen ihrer Könige oder als Bürger der Republik, sich in eine Nation zu fügen hatten. Schon König Franz I. aus dem Haus Angoulême, derselbe, der 1519 gerne Kaiser des Heiligen Römischen Reiches geworden wäre, aber bei der Wahl in Worms gegen den jungen Habsburger Karl V. unterlag, verordnete den allgemeinen Gebrauch des Französischen, und zwar so, wie es nördlich der Loire gesprochen wurde. Dieses Edikt erging 1539 und sollte die Regionalsprachen ebenso wie das Latein zurückdrängen. In den gleichen Jahrzehnten verhalf jenseits vom Rhein Luthers Bibelübersetzung der hochdeutschen Schriftsprache zur Ausbreitung.

In Paris tat ein Jahrhundert später Kardinal Richelieu ein übriges und schenkte den Sprachpflegern eine Aufsichtsbehörde mit elitärsten Weihen. Die Académie Française blieb bis heute mit ihren vierzig «Unsterblichen» in ihrer Exklusivität so unübertroffen wie unbeirrbar im Beharren auf der Reinheit des Französischen.

Das diktatorische Sprachreglement gewann sogar den Beistand der Revolutionäre von 1789. Sie wollten mit den «Dialekten» der Minderheiten, sprich dem Deutsch der Elsässer oder dem Keltisch der Bretonen, ebenso aufräumen wie heute Frankreichs Kultur- und

Links: Die berühmte Schlacht von Roncesvalles in den Pyrenäen, bei der 788 die Nachhut des vom Spanienfeldzug zurückkehrenden Heeres Karls des Großen geschlagen wurde, bildete das Ausgangsthema für das populäre «Rolandslied», umgedichtet zum Heldenepos einer Schlacht gegen die Sarazenen (Buchmalerei, 14. Jahrhundert).

Rechts: Im Jahr 732 siegte Karl Martell in der Schlacht bei Tours und Poitiers über die Araber; die islamischen Eroberer wurden hinter die Pyrenäen zurückgedrängt (Buchmalerei, 1492).

Frankophonieminister mit Verstößen gegen französische Sprachreinheit in den Medien und der Werbung. Die sollen mit Geldbußen geahndet werden wie ein verbotenes Überholen im Straßenverkehr. Und warum soll auf französischen Computern eigentlich *return* stehen statt *retourner* und *shift* statt *changer*? Leider werden Frankreichs Sprachwächter sich eingestehen müssen, daß *Apple*, *IBM* und *Compaq* das anders sehen. Aber die Züge durch den neuen Kanaltunnel fahren doch ebensooft von Frankreich nach England wie von England nach Frankreich? Da sollten sie nicht *shuttle* heißen, sondern *navette*.

Wenn man die Ohren aufmacht, versteht man den Witz, mit dem junge Leute die Ängste ihrer Altvordern vor dem Untergang der reinen französischen Sprache ironisieren. Los geht's, sagen sie, aber nicht «on y va», sondern auf gut *franglais*: «on y go».

Von den Merowingern zu den Bourbonen

Die Machtgeschichte, der Machtschacher ist in Frankreich so wüst wie irgendwo sonst auf der Welt, ein jahrhundertelanges Aufeinanderhacken, Bündnisschmieden und Bündnisbrechen. Fromme Legenden überglänzen milde den Hader. Wie jene vom heiligen Martin, dem ehemaligen kaiserlich-römischen Gardereiter. Mantel und Gans sind seine Zeichen, weil er seinen Mantel mit einem Bettler teilte und später, als er Bischof von Tours werden sollte, sich demütig dieser Würde zu entziehen suchte, indem er sich in einem Gänsestall versteckte. Sein Grab in der Kathedrale von Tours wurde zum Nationalheiligtum des merowingisch-fränkischen Reiches.

Das Bündnis von Königsmacht und katholischem Christentum, das der Merowinger Chlodwig I. mit seiner Taufe in Reims um das Jahr 500 schloß – ein Jahrhundert nach dem Tod des heiligen Martin (397) –, stellte die Weichen der fränkischen, später französischen Monarchie für mehr als ein Jahrtausend. Chlodwig, als Heerführer erfolgreich gegen Römer, Alemannen und Westgoten, machte Paris zu seiner Hauptstadt. In der um

«Harold leistet Wilhelm dem Eroberer den Eid». Detail des Wandteppichs von Bayeux aus dem späten 11. Jahrhundert, einer Bilderchronik der Eroberung Englands durch den Normannenherzog Wilhelm, der nach seinem Sieg in der Schlacht bei Hastings im Jahr 1066 zum König von England gekrönt wurde (Musée de la Reine Mathilde, Bayeux).

das Jahr 630 gegründeten berühmten Benediktinerabtei Notre-Dame-de-Jouarre östlich von Paris stehen in der Krypta noch merowingische Sarkophage, seltene Zeugnisse plastischer Kunst aus der Zeit zwischen Spätantike und Romanik.

Wenn auch vieles im Ungewissen bleibt, mit der Jahreszahl 732 verbindet sich bis heute die Erinnerung an Karl Martell, den Hausmeier, sprich Verwalter oder Regenten der merowingischen Könige, und seinen Abwehrsieg gegen die arabischen, «sarazenischen» Truppen des Kalifen. Die Muslime hatten die Pyrenäen überschritten, die Provence überrannt, waren unterwegs nach Paris. Zwischen Tours, der Bischofsstadt des heiligen Martin, und dem benachbarten Poitiers endete ihr Vormarsch, und Karl Martells Heer drängte sie über die Pyrenäenpässe zurück. Das merowingische Frankenreich rettete das christliche Abendland. Sucht man nach einer historisch vergleichbaren Situation, mag man das Jahr 1683 nennen, die Abwehr des Türkensturms vor Wien.

Die fränkische Hochadelsfamilie der Arnulfinger, in die Karl Martell als unehelicher Sohn geboren wurde, kennen wir besser unter dem Namen der Karolinger – nach Karl dem Großen, der das «Regnum Francorum» von der Adria bis zum Atlantik, vom Ebro bis zur Elbe ausdehnte. *Charlemagne*, wie er in Frankreich heißt, der Erneuerer des «Imperium Romanum», wie ihn Historiker rühmen, darf als Gründervater eines geeinten Europa gelten. Oder nennen wir ihn besser den Urgroßvater europäischer Einigung? Die zwölf Jahrhunderte zwischen jenem Weihnachtstag des Jahres 800, an dem Papst Leo III. in der Peterskirche zu Rom dem Frankenkönig die Kaiserkrone aufs Haupt setzte, und den neunziger Jahren des 20. Jahrhunderts, in denen eine neue Europäische Union der offenen Grenzen und der harmonisierten Rechtsordnungen endlich Gestalt zu gewinnen scheint, standen meist im Zeichen kriegerischer Konkurrenz unter den Völkern Europas.

Von Karl selbst, dem fränkischen Heerführer, hat sein Biograph Einhard berichtet, daß er ständig ein langes Schwert mit goldenem Griff trug und die Germanen «durch gemäßigten Schrecken so bändigte», daß die «Pax Carolina» zu seinen Lebzeiten nicht zusam-

«Johanna von Orléans vor dem Schloß Chinon». 1429 wurde Jeanne d'Arc von Karl VII. im Schloß Chinon empfangen. Anschließend begleitete sie das französische Heer nach Orléans, dem es dort mit ihrer Hilfe gelang, die englische Belagerung aufzuheben (Bildteppich, 15. Jahrhundert, Musée Historique de l'Orléanais, Orléans).

menbrach. Lang ist die Reihe der Friedenstaten: Die Stiftung einer Rechtsordnung in den karolingischen «Kapitularien», die Erneuerung lateinischer Sprache und Literatur in der «Karolingischen Renaissance», die Förderung von Kloster- und Domschulen, in denen mit neuer Schrift und kunstvoller Miniaturmalerei die europäische Buchkultur entstand.

In der Überlieferung lebte dennoch lange vor allem der Kriegsheld Karl, sprachmächtig im «Rolandslied» verherrlicht. Historischer Schauplatz ist das französische Pyrenäental von Roncesvalles, wo im Jahr 778 die Nachhut Karls unter dem bretonischen Grafen Hruotland von Basken überwältigt wurde. Das «Chanson de Roland», eines der ältesten Werke französischer Literatur, dichtet das Ereignis im Sinne antimuslimischer Kreuzzugs-Ideologie um: Nicht Basken, sondern Sarazenen greifen aus dem Hinterhalt an.

Viermal war Karl verheiratet, mit einer Langobardin, einer Schwäbin, einer Fränkin und einer Alemannin. Da er in Nebenehen (Friedelehen, d. h. Ehen ohne den Segen der Kirche) noch mit sechs anderen Frauen verbunden war, erscheint die Zahl seiner 18 Kinder nicht einmal groß. Keines aber war dem Erbe gewachsen.

Schon sein Sohn Ludwig, den man den Frommen nannte, wußte nichts Besseres als die Aufteilung der Herrschaft im eben erst geeinten Reich. Die Absicht war gut, das Machtstreben seiner Söhne aber, die gegeneinander Bruderkriege führten, spaltete nach Ludwigs Tod das Reich samt seiner Rechtsordnung in drei Teile, in ein Ost-, Mittel- und Westreich. Auch die neuen Grenzen provozierten weitere Streitigkeiten, doch setzte der Vertrag von Verdun (843) den wichtigsten Meilenstein auf dem langen Weg vom Reich der Franken zum Nationalstaat Frankreich.

Es gab einen machtpolitisch kaum zu überschätzenden, die staatliche Zukunft entscheidenden Unterschied, den das westfränkische, dann französische Königtum seinen Nachbarn östlich des Rheins voraushatte. Letztlich erfolgreich verstanden es die einander folgenden Dynastien der Kapetinger, Valois und Bourbonen, ihr Ziel durchzusetzen und die Monarchie als Zentralmacht zu etablieren.

Auch in Frankreich galt die mittelalterliche Feudalstruktur mit ihren vielschichtigen Abhängigkeiten von Lehnsherren und Vasallen, von Grundbesitzern und Hörigen, von weltlichen und geistlichen Herrschaften. Über Generationsketten hin rangen die großen und die kleinen Obrigkeiten um Punktgewinne ihrer Unabhängigkeit oder Souveränität, um Rechte, die immer neu verliehen, aber auch festgeschrieben werden konnten. Auch in Frankreich zog dabei der König oft den kürzeren.

Von der Île de France aus, dem Kernland französischer Königsmacht um die Hauptstadt Paris, bauten die Herrscher die Zentralmacht aus. 845 war Paris geplündert worden – von den heidnischen Wikingern, auch Normannen genannt, die auf ihren Raubzügen von den Küsten Frankreichs die Flüsse hinauffuhren. Frankreichs König arrangierte sich mit den Nordleuten und belehnte ihren Herzog mit der Normandie. Doch die Normannen griffen selbst zur Krone: Ein Jahrhundert später setzte von dort aus Herzog Wilhelm, besser bekannt als Wilhelm der Eroberer, nach England über, siegte bei Hastings und errang den englischen Thron.

Wilhelms Überfahrt und Ritterkampf kann man detailliert dargestellt sehen auf einem Wunderwerk der Teppichstickerei: 68 Meter lang ist der Bildteppich von Bayeux, der vermutlich 1082 entstand (einer der ältesten, der erhalten blieb) und heute in einem U-förmigen Gang des Grand Séminaire von Bayeux ausgestellt ist, im Apfelschnaps-Département Calvados. Erst im 13. Jahrhundert gewann der französische König die Normandie von England zurück.

Um Englands dynastische Ansprüche auf französischen Boden wurde der Hundertjährige Krieg (1339–1453) blutig ausgetragen. Nahe war die Dynastie der Valois ihrem Untergang. Jeanne la Pucelle (Jeanne d'Arc), das Bauernmädchen aus Lothringen, konnte zur Königsretterin werden, weil sie das französische Nationalgefühl erweckte, sie wurde aber dennoch von ihren Landsleuten im Stich gelassen und auf Betreiben der Engländer nach dem Urteil des geistlichen Gerichts unter dem Bischof von Beauvais im Jahr 1431 in Rouen als Ketzerin verbrannt.

Kathedralen für die Könige

Die katholische Kirche, der noch heute 90 Prozent der Franzosen angehören, war immer ein Hauptfaktor in der Politik der allerchristlichsten Könige, wie sich Frankreichs Herrscher nannten. Von Frankreich gingen die Klosterreformen von Cluny und Cîteaux aus, und der Zisterzienser-Abt Bernhard von Clairvaux rief zu den Kreuzzügen ins Heilige Land auf. Die gotischen Kirchen Frankreichs wurden zum großartigsten Symbol mittelalterlichen Glaubens. Sie waren aber auch, wie die neuere Forschung erwiesen hat, ein Symbol der königlichen Rechte über Bistümer und Klöster, die von den Karolingern ererbt waren und im hohen Mittelalter den wichtigsten Teil der königlichen Machtbasis darstellten. Die Skulpturen der Könige schmücken die Kathedralen. In der Kathedrale von Reims, in der Frankreichs Monarchen gesalbt wurden, in Saint-Denis, der Grabkirche der Könige, und, ebenfalls in Paris, in der Sainte-Chapelle, die Ludwig der Heilige für die Dornenkrone Christi errichten ließ, zeigte das Königtum sich im himmlischen Glanz seiner sakralen Weihe.

Was in Frankreich geschah, wurde nun Vorbild für Europa. Frankreichs Bauhütten exportierten ihre Kunst, die Troubadoure prägten mit ihren Minneliedern und den Versepen von Tristan, Parzival und König Artus eine neue höfische Kultur. In Paris blühte die Wissenschaft, Scholastik genannt, und die Sorbonne wurde die erste Universität Europas. Ketzer wie Papsttum mußten sich der Königsmacht beugen. Als die gottesfrommen Albigenser sich dem Papst entziehen wollten, rief der Vatikan zum Kreuzzug gegen sie, und des Königs Heere fielen in Frankreichs Süden ein. Als der Papst dem König seine weltlichen Vorrechte und die Besteuerung der Geistlichkeit zu beschneiden versuchte, begann die «babylonische Gefangenschaft der Kirche», die dazu führte, daß die Päpste in den Jahren von 1309 bis 1376 in Avignon residieren mußten.

Großartige Zeugnisse gotischer Kathedralbaukunst finden sich nicht nur in den Städten, sondern auch in kleineren Ortschaften.

Oben: Notre-Dame von Amiens aus dem 13. Jahrhundert. Sie ist nicht nur die größte Kathedrale Frankreichs, sondern auch eine der schönsten und gilt als der klassische Musterbau der französischen Gotik.

Unten links: Saint-Aubin in Guérande im Süden der Bretagne. Auffällig an der sonst eher schlichten Kirche, an der vom 12. bis 16. Jahrhundert gebaut wurde, ist das spätgotische Doppelportal.

Unten rechts: Die Doppelturmfassade von Saint-Martin in Pont-à-Mousson (Elsaß) mit reich verzierten spätgotischen Turmaufsätzen.

Kriegerische Herrscher, blutige Glaubenskriege, leidenschaftliche Affären am Königshof. Oben links: Franz I. (1515–1547). Mit ihm hielt der Geist der Renaissance Einzug in Frankreich (Gemälde von Tizian, 1538, Musée du Louvre, Paris). – Oben rechts: Karl VII. (1422–1461), auch «Karl der Siegreiche» genannt. Mit Hilfe Jeanne d'Arcs beendete er den Hundertjährigen Krieg (Gemälde von Jean Fouquet, um 1450, Musée du Louvre, Paris). – Mitte: Die Bartholomäusnacht vom 24. August 1572, ein trauriges Kapitel der französischen Geschichte. Die Ermordung Tausender Hugenotten auf den Befehl Katharina de Medicis war der Auftakt für einen jahrzehntelangen Religionskrieg (Gemälde von François Dubois). – Unten links: Diane de Poitiers, die Maitresse Heinrichs II. (Schule von Fontainebleau, 16. Jahrhundert). – Unten rechts: Katharina de Medici, die Gattin Heinrichs II. (Gemälde von François Clouet, um 1560).

Glanz und Untergang der absolutistischen Monarchie. Mitte oben: Die Erstürmung der Bastille am 14. Juli 1789. Mit diesem dramatischen Ereignis begann die Französische Revolution, die ganz Europa nachhaltig verändern sollte. – Mitte unten: Am 21. Januar 1793 wurde Ludwig XVI. durch die Guillotine hingerichtet. – Oben: Ludwig XIV. (1643–1715). Unter seiner Herrschaft erreichte der französische Absolutismus seinen Höhepunkt; bis heute ist der Sonnenkönig der Inbegriff barocker Machtentfaltung und Repräsentationssucht (Gemälde von Hyacinthe Rigaud, um 1700, Uffizien, Florenz). – Unten links: Der Revolutionär Jean-Paul Marat (1743–1793), im Jahr 1793 Präsident des Jakobinerklubs. – Unten rechts: Maximilien de Robespierre (1758–1794). Mit seiner Schreckensherrschaft verkörperte er die terroristische Ausuferung der Revolutionsideen; schließlich wurde er vom Konvent selbst zum Tod verurteilt.

Oben links: Mit der Unterzeichnung des Versailler Friedensvertrags am 28. Juni 1919 fand der Erste Weltkrieg auch formal sein Ende.

Oben rechts: Auf den Champs-Élysées – Parade amerikanischer Truppen, die Paris 1944 von der Besetzung durch die deutsche Wehrmacht befreiten.

Mitte, von links nach rechts: Drei Ministerpräsidenten. Aristide Briand (1862–1932). Nach dem Ersten Weltkrieg setzte er sich engagiert für die Friedenssicherung und für eine engere Verbindung der europäischen Staaten ein. – Léon Blum (1872–1950), Führer der Volksfrontregierung, Humanist und Schriftsteller. Charles de Gaulle (1890–1970). Während des Zweiten Weltkriegs baute er im Exil ein eigenes Regierungssystem auf, nach Kriegsende bestimmte er 20 Jahre lang maßgeblich Frankreichs Entwicklung.

Unten links: Staatspräsident Georges Pompidou am Tag seiner Amtseinführung (20. Juni 1969) in Paris.

Unten rechts: Amtswechsel im Élysée-Palast (Mai 1981): Valérie Giscard d'Estaing (links) übergibt die Staatsgeschäfte an den neuen Präsidenten François Mitterrand (rechts).

Tatsächlich zeigte der französische Königsstaat im späten Mittelalter bereits Züge des Absolutismus, mit einem durchorganisierten, zentralisierten Steuer-, Zoll- und Verwaltungssystem, einem stehenden Heer und einer Nationalkirche, die dem Papst nicht einmal in Glaubensfragen unterworfen war. Frankreich hatte sich zum «modernsten» Land Europas entwickelt.

Licht und Schatten der Grande Nation

Mit diesem Vorsprung an Rationalität und Effizienz konnten die Monarchen der Neuzeit, von König Franz I., der die Kaiserkrone anstrebte, über Heinrich IV., der die Hugenotten anführte, aber zum Katholizismus konvertierte, und über den absolutistischen Barockherrscher Ludwig XIV. bis hin zum Usurpator Napoleon Bonaparte ihre Politik machen – eine Chance, die dann freilich allzu oft in verlustreicher Aggression gegen die Nachbarn vertan wurde.

Mit Versailles, der größten – und meistkopierten – Schloßanlage Europas, setzte der Sonnenkönig sich und seinem *Grand Siècle*, dem «Großen Jahrhundert», ein Denkmal ohnegleichen. Versailles, der Schauplatz üppiger höfischer Feste, einer ermüdenden königlichen Etikette und so geheimer wie skandalöser «Schwarzer Messen», sollte lange nach dem Tod seines Bauherren immer wieder Schlüsselszenen der französischen Geschichte erleben.

Nach dem Sturm auf die Bastille in Paris dringen 1789 die Marktweiber nächtens ins Schloß, und Ludwig XVI. und Marie Antoinette müssen nach Paris übersiedeln. 1871 läßt sich im Versailler Spiegelsaal der preußische König Wilhelm zum ersten deutschen Kaiser ausrufen, eine gezielte Kränkung des besiegten Frankreich. Wieder ein halbes Jahrhundert später, 1919, müssen an gleicher Stelle die Vertreter des besiegten Deutschland den Friedensvertrag von Versailles unterzeichnen, der den Ersten Weltkrieg beenden soll, aber schon die Zeitzünder für den nächsten auslegt.

Die Französische Revolution manifestiert sich nicht in spektakulären Bauwerken, sondern im programmatischen Dreiklang von Freiheit, Gleichheit, Brüderlichkeit. Nur in den Augen ihrer Gegner wurde die Guillotine zum Revolutionssymbol. Robespierre und seine Schreckensherrschaft blieben aber Episode. Frankreichs wahre Botschaft war der Geist der Aufklärung und die Erklärung der Menschenrechte von 1789. Diese Botschaft hat die Privilegien der etablierten Dynastien zum Wanken gebracht und erweist sich bis zum heutigen Tag weltweit noch immer stärker als die Macht der Diktatoren. Seit der französischen Verfassung von 1795, deren Väter so großen Wert auf die «Erziehung zur Verfassung» legten, ist es jeder Generation aufs neue aufgegeben, die Rechtsgarantien für den einzelnen Bürger zu verteidigen, als kostbarstes Erbe der Revolution.

Mit erstaunlicher Stabilität durchstand Frankreich in wenig mehr als zweihundert Jahren die Große Revolution, den Jakobinerterror, Napoleons Autokratie und die Rückkehr der Bourbonen, die Revolutionen von 1830 und 1848, nochmals eine Kaiserzeit, die Gründung der Dritten Republik und die Schreckensherrschaft der Pariser Kommune 1870, die Verwüstung und Okkupation des Landes in zwei Weltkriegen, die Spaltung in *résistance* und Kollaboration unter der Hitler-Herrschaft und den Verlust des Kolonialreiches. Trotz all dieser Umbrüche ließen sich Frankreichs Bürger in ihrer Mehrheit weder vom Links- noch vom Rechtsextremismus verführen. Die Universitäten und Schulen, die Kirchen, die Industrie, die Gewerkschaften – sie alle gerieten in Krisen und bewältigten Krisen, ohne ihre Identität einzubüßen.

Wem das zu danken ist? Vor allem anderen wohl der lebensklugen Nüchternheit des französischen Bürgers. Der hat zwar Sinn für große Gesten und pathetische Worte, weiß aber auch zumeist, wo die heroischen Appelle lebensgefährlich werden. Frankreich war schon früh ein Hoffnungsland der europäischen Aufklärung, und deren aus Skepsis und humaner Zuversicht gemischte Botschaft wirkt noch immer fort. Allen voran ging François Marie Arouet (1694–1778), besser bekannt als Voltaire.

Fortsetzung Seite 35

L'EMPEREUR: GLANZ UND SCHATTEN

Napoleons Vermächtnis

‚General schon mit 24 Jahren,' mit dreißig nach dem Putsch vom 18. Brumaire (9. November) 1799 Erster Konsul und Alleinherrscher, fünf Jahre später selbstgekrönter Kaiser – Napoleons Karriere hat seine Zeitgenossen schwindeln gemacht und noch posthum Generationen in Bewunderung vor dem Usurpator Europas ersterben lassen. Er selbst betrachtete sich als modernen Alexander, nannte Karl den Großen seinen «erhabenen Vorgänger» und zögerte nicht, einen ganzen Kontinent mit Krieg zu überziehen. Doch mit dem Rußlandfeldzug von 1812/13 überforderte Napoleon seine Machtinstrumente dermaßen, daß die Abschiebung nach Elba, die Waterloo-Niederlage und schließlich das langsame Sterben in der Ödnis der Sankt-Helena-Haft schon programmiert waren.

Kritik am *Empereur* ist immer auch in Frankreich selbst lautgeworden. Ein Beispiel nur: Als 1927 der Regie-Star Abel Gance seinen achtstündigen Monumentalfilm «Napoléon – vu par Abel Gance» in der Pariser Oper vorführte und den Despoten als Retter Frankreichs aus dem Chaos der Revolution feierte, kam inmitten des Beifalls heftiger Protest auf. «Ein philosophisch und historisch ekelhaftes Werk», entrüstete sich «Le Temps», und die «Humanité» nannte die militaristische Heroisierung Napoleons einen «Film für faschistische Eleven».

Die Rechts- und Verwaltungsreformen Napoleons waren dagegen noch nie ein spektakuläres Filmthema. Der *Code Civil* oder *Code Napoléon* – im selben Jahr 1804 eingeführt, in dem Napoleon sich in der

Oben: Napoleon I. (1769–1821; Kupferstich, um 1813). – Unten: Der Abschied des Kaisers von seiner Garde (Kupferstich von 1814).

Kirche Notre Dame von Paris zum Kaiser krönte – sollte sich jedoch weitaus lebensfähiger erweisen als seine Monarchenwürde. Dieser *Code Napoléon* ist noch heute in Kraft – wenn auch zuletzt 1994 überarbeitet –, eine Festschreibung bürgerlichen Rechts wie ähnlich, aber ein Jahrhundert jünger in Deutschland das BGB, das «Bürgerliche Gesetzbuch».

Neben dem *Code Civil* stammen auch der *Code de Commerce* (Handelsrecht), der *Code Pénal* (Strafrecht), der *Code de Procédure Civile* (Zivilprozeßordnung) und der *Code d'Instruction Criminelle* (Strafprozeßordnung) aus der napoleonischen Ära. Unmittelbar nach seinem Staatsstreich vom 18. Brumaire setzte Napoleon auch jene Gebietsreform in Gang, die der französischen Nation bis heute ihr zentralistisches Korsett anlegt: die Einteilung in Départements, Arrondissements und Gemeinden, mit Präfekten, Unterpräfekten und Bürgermeistern, deren Ernennung sich der Erste Konsul vorbehielt.

Als Genie der Verwaltung und zentralistischer Organisation erwies sich Napoleon schließlich auch mit der Neugründung der *Grandes Écoles*. Wer einen Führungsposten in Staat oder Wirtschaft erreichen will, stellt sich noch heute nach dem Abitur und einer zweijährigen Vorbereitungszeit (*classes préparatoires*) den harten *Concours*, die den Zutritt zu diesen «Großen Schulen» öffnen. In keinem anderen Land gibt es neben und über den Universitäten dieses System elitärer Bildungsstätten. Napoleons Direktiven für die *Grandes Écoles* trugen den Stempel militärischer Disziplin. Um das Erziehungsziel zu erreichen – hochqualifizierte und loyale Staatsdiener zu werden –, mußten sich die Schüler rigorosen Auswahlprüfungen unterwerfen, sie wurden fern ihrer Familien kaserniert und standen unter ständiger Aufsicht und in Konkurrenz zueinander. Etwas von diesem spartanischen Ambiente ist den *Grandes Écoles* bis heute geblieben.

Michael Neumann-Adrian

Straßencafé vor der Kathedrale Saint-Étienne in Metz. Das imposante Gotteshaus aus gelbem Sandstein, das wegen seiner farbenprächtigen Glasfenster auch die «Laterne Gottes» genannt wird, gehört zu den eindrucksvollsten Schöpfungen der französischen Gotik.

Nächste Doppelseite: Im «schönen Garten Elsaß». Der kleine Weinort Rodern zwischen Bergheim und Saint-Hippolyte liegt nicht weit von der Route du vin, die durch die sanften Hügel der Vogesen führt. Im Hintergrund die Haut-Koenigsbourg, die größte Burg im Elsaß.

Vor dem Straßburger Münster: Eines der prachtvollen gotischen Portale als ehrwürdige Kulisse für einen Straßenkünstler mit seinem Publikum.

Am Sinnbrunnen in Riquewihr. Dieser verträumte Weinort, der sein geschlossenes Stadtbild aus dem 16. Jahrhundert bis heute bewahren konnte, gilt als Inbegriff elsässischer Idylle und Romantik.

Einkehr in Ribeauvillé. Gastlichkeit und herzhafte Küche des Elsaß versprechen behagliche Tafelfreuden im Halbschatten der Weinreben.

Eindrücke aus Burgund, einer der kulturgeschichtlich interessantesten Regionen Frankreichs und nicht zuletzt einem Eldorado für Weinfreunde.

Oben links: Junge Trachtengruppe in Chenove.

Oben rechts und unten: Weinlese bei Beaune an der berühmten Côte d'Or im Zentrum von Burgund; hier wachsen etwa der Pinot noir oder der Chardonnay, Namen, die die Herzen der Weinfreunde höher schlagen lassen.

Erkundungsreisen in Burgund – durch die Luft und auf den Wasserstraßen.

Oben: Blick aus dem Heißluftballon über die Kernlandschaft Burgunds, das fruchtbare Saône-Becken bei Beaune.

Unten: Halt an einer Schleuse im Ouche-Tal. Die burgundischen Binnenkanäle mit einer Länge von rund 1200 Kilometern bieten reizvolle Reisemöglichkeiten.

Nächste Doppelseite: Wie auf einer Insel liegt das Zentrum des Städtchens Monthermé in einem Mäander der Meuse (Maas) im Norden der Champagne. Die flachen, dicht bewaldeten Höhenzüge der Ardennen, die die Grenze zu Belgien bilden, sind für ihren Wildreichtum berühmt.

Der gewaltige, 38 Meter hohe Innenraum der Kathedrale von Reims, deren Bau im Jahr 1211 begonnen und im wesentlichen im späten 13. Jahrhundert beendet wurde. Als Krönungsstätte fast aller französischer Könige genießt dieses Gotteshaus in Frankreich besondere Verehrung.

Voltaire war zwanzig, als Ludwig XIV. starb, und drei Jahre später wurde er in der Bastille inhaftiert, wegen einer Satire, die er nicht einmal verfaßt hatte. Exile, Verbannungen, drohende Verhaftungen bestimmten auch die folgenden Jahrzehnte, in denen Voltaire dennoch zum berühmtesten Publizisten Europas und außerdem mit geschickten Finanzspekulationen zum Millionär wurde. Als älterer Herr residierte er in dem Landschloß Ferney bei Genf, heute Château Voltaire genannt. Aus seinem Schlafzimmer geht der Blick in einen Park mit hohen Bäumen, hier arbeitete er auch. Achtzehn Jahre lang schrieb der «Patriarch von Ferney» Briefe und Pamphlete, kämpfte gegen die Leibeigenschaft und die Anmaßung von Klerus und Zensur, in denen er die Krebsübel seiner Zeit erkannte, und für jene kosmopolitische Bildung, aus der im günstigen Fall Toleranz erwächst. Der Besuch lohnt, auch wenn Ferney nicht so verbrämt und vergoldet mit *gloire* und *grandeur* ist wie viele historische Stätten in Frankreich.

Selbst Orte von Niederlagen sind mit etwas von diesem Goldglanz überzogen, zum Beispiel der Cour du Cheval Blanc im Schloß von Fontainebleau, der Residenz so vieler französischer Könige. In den Tagen der Revolution verschwand ein Großteil der pompösen Schloßeinrichtung, und für die Renovierung als kaiserliche Residenz waren Napoleon die besten Kunsthandwerker gerade gut genug. Inmitten von allem spiegelnden Prunk streben Napoleon-Bewunderer noch immer diese Kultstätte von umdüstertem Pathos an, die auch «Cour des Adieux» genannt wird: Dort nahm der geschlagene, selbst von seinen Kammerdienern verlassene Napoleon im Jahr 1814 Abschied von seiner Garde, mit Reiseziel Elba.

Die wahren Napoleon-Bewunderer wissen auch, wo bis heute die Fahne der Garde-Grenadiere aufbewahrt wird. Nämlich an der Côte d'Or, nicht weit von Dijon, im Musée Napoléonien Noisot in Fixin. Claude Noisot war Offizier der kaiserlichen Garde, und im Park des Familiensitzes erwacht Napoleon zur Unsterblichkeit. So heißt dort zumindest die Skulptur zum Gedächtnis des *Empereur* (siehe auch Seite 24).

Auf der Spur der Künste

Viele, unzählbare Vorschläge gibt es für Reisende, die Frankreich kennenlernen möchten. Zu unseren schönsten Erinnerungen gehören die Begegnungen mit den Künsten und Künstlern. Ob in Pariser Theatern oder in Kirchen Burgunds, in kleinen Provinzmuseen oder in den Museumspalästen, Frankreichs Kunstszene erweist sich als unerschöpflich. Sie ist überdies, wie Frankreich selbst, zugleich alt und jung, an hochkarätigen Klassikern so reich wie an Modernem, Avantgardistischem und Experimentellem.

Vielleicht fahren Sie beim nächsten Parisaufenthalt einmal nicht nach Versailles, sondern nach Chantilly? Sie brauchen kaum mehr als eine Stunde, und wenn Sie Wetterglück haben, glänzt Ihnen unterwegs die Sonne durch ein frühlingsgrünes oder herbstbuntes Laubdach. Schloß Chantilly wurde erbaut, als am burgundischen Hofe das Rittertum eine Spätblüte erlebte. Im Jahr 1413 holte ein Bruder des Herzogs Philipp II. von Burgund, Herzog Jean I. von Berry, die drei niederländischen Maler-Brüder Paul, Herman und Jan von Limburg an seinen Hof, mit dem Auftrag, ein Stundenbuch zu malen. In dreijähriger Arbeit entstand ein Gebetbuch mit über 130 Miniaturen auf Pergament.

Diese «Très riches Heures» des Duc de Berry sind, sagen viele, das schönste Beispiel mittelalterlicher Buchmalerei, mit seinen wunderbar frischen Farben ein Werk von bibliophilem Weltruhm. Bei unserem Besuch nahm es der Kustos aus dem Tresor, legte es auf ein altes Lesepult, blätterte die Bilder auf, die ineinander verwoben das Leben in den Jahreszeiten und die biblische Geschichte zeigen: Adam und Eva im Garten Eden und den Kampf des Engels gegen den Drachen über den Stadtmauern des Mont-Saint-Michel. In ziselierter Feinstmalerei tritt jeder Ziegelstein, jede Fiale der gotischen Türme, fast noch jede Haarlocke unter der Tonsur der Mönche vors Auge: Frankreichs mittelalterliche Welt, wie sie in idealer Schönheit ohne Pest und Krieg von den Limburger Malern gesehen wurde. Es war eine besondere, unwiederholbare Stunde in Chantilly, denn damals arbeitete man in einem anderen Raum des Schlosses schon am detail- und farbgetreuen Faksimile des «Très riches Heures». Seitdem bekommt man das Original nicht mehr zu Gesicht. Weil wir es mit den Faksimileseiten genauestens verglichen haben, können wir sagen: Die mit bloßem Auge wahrnehmbaren Unterschiede sind minimal, kein Schaden und Nachteil also für künftige Besucher von Schloß Chantilly. Dessen Kunstschätze umfassen unter anderen Kostbarkeiten auch mehr als 600 Tafelbilder französischer, italienischer und flämischer Meister. Der ehemalige Besitzer, jüngster Sohn König Louis Philippes, vermachte Schloß und Kunstwerke dem Institut de France.

Die blaue Küste der Künstler

Cézanne und van Gogh haben die Landschaft der Provence gemalt, aber ihre Bilder sind ausgewandert, wohnen in Paris und Washington, in Zürich, München und London, in Amsterdam und Tokio. An der Côte d'Azur jedoch, der blauen Küste zwischen Mittelmeer und Alpen, finden Kunstfreunde heute Ateliermuseen und Museumsburgen überreich versammelt, ein Schlaraffenland der Malerei, Skulpturen und Keramik.

Zu den ersten, die ihr Atelier von Paris in den Süden verlegten, gehörte Auguste Renoir (siehe auch Seite 133). Schon 1882 hatte er Cézanne besucht und gemeinsam mit ihm gearbeitet. Renoir rettete die fünfhundert Jahre alten Ölbäume von Les Collettes bei Cagnes-sur-Mer, als er rasch entschlossen einem geschäftstüchtigen Souvenirhändler zuvorkam, der die Bäume fällen und auf dem Gelände eine Gärtnerei anlegen wollte. Heute geht man auf Renoirs Grundstück spazieren, in einer unverfälscht arkadischen Natur. Im Haus, das nachmittags Besuchern geöffnet ist, steht der Rollstuhl, in dem der Meister seine letzten großen Bilder malte. Nicht ohne innere Bewegung sieht man die Staffelei, an der Renoir den Pinsel in arthritisch verkrümmten Fingern gehalten hat, mit einem kleinen Stück Leinen im Handteller, weil die Haut schnell wundscheuerte. Auf der Terrasse reifen im März schon die Orangen, in dichten blauen Wellen öffnen sich unter den Ölbäumen die Irisblüten, Sonntagsmaler versuchen sich am Ausblick zur Silhouette des Grimaldi-Kastells von Haut-de-Cagnes.

In einer anderen Grimaldi-Burg, der von Antibes, wartet Picasso – oder doch eine Kollektion jener Bilder, Plastiken und Keramiken, die in diesen Räumen gleich nach dem Zweiten Weltkrieg entstanden sind. Picasso war vom Kustos des Museums nach Antibes eingeladen worden, begegnete Françoise Gilot, malte Stiere und Faune, Kentauren und Flötenspieler, Frauen und Liebende. Françoise Gilot hat in ihrem Picasso-Buch die grotesk explosive Szene erzählt, die sich in Picassos Vorzugsrestaurant «Chez Marcel» in Golfe-Juan ereignete, als man ihm 1947 dort allzu hartnäckig zur Stiftung der Antibes-Bilder und zugleich, unglaublich undiplomatisch, zur Aufgabe der spanischen Staatsangehörigkeit überreden wollte. Wutstampfend warf der Meister seinen Teller ins Meer, wo er vermutlich immer noch liegt, etwa an der gleichen Stelle, an der am 1. März 1815 Napoleon von Elba kommend wieder französischen Boden betrat.

Andere Picasso-Teller kann man im nahen Vallauris sehen, dem Töpferstädtchen, das seinen weltweiten Ruf Picasso verdankt – denn der experimentierte 1947 hier in der Keramikwerkstatt Ramié mit Ton und Töpferscheibe. Im gleichen Hause werden autorisierte Kopien seiner Schöpfungen gemalt, gebrannt und verkauft. Draußen auf dem Kirchplatz steht Picassos überlebensgroße Bronzeplastik «Mann mit Lamm», in einer romanischen Krypta wird sein riesiges Gemälde «Krieg und Frieden» gezeigt, das er noch eigenhändig im Tonnengewölbe montierte.

Des Schauens ist noch längst kein Ende: Marc und Valentina Chagall stifteten in Nizza die siebzehn großen Leinwände seiner «Message Biblique» für das eigens erbaute Musée National Marc Chagall (1973 wurde es als erstes Nationalmuseum Frankreichs für einen lebenden Künstler eröffnet), in Biot stiftete die Witwe Fernand Légers das Museum, das hinter einer monumentalen farbigen Keramikfassade die großen kubistisch-geometrischen Léger-Kompositionen zeigt, Menton hat am Hafen ein kleines Cocteau-

Eine Seite aus dem prächtigen Stundenbuch «Très riches Heures» des Herzogs Jean I. von Berry, Anfang des 15. Jahrhunderts gemalt von den Brüdern von Limburg: Die Miniatur zum Monat September mit der Darstellung der Weinlese in den Gärten des Loire-Schlosses Saumur.

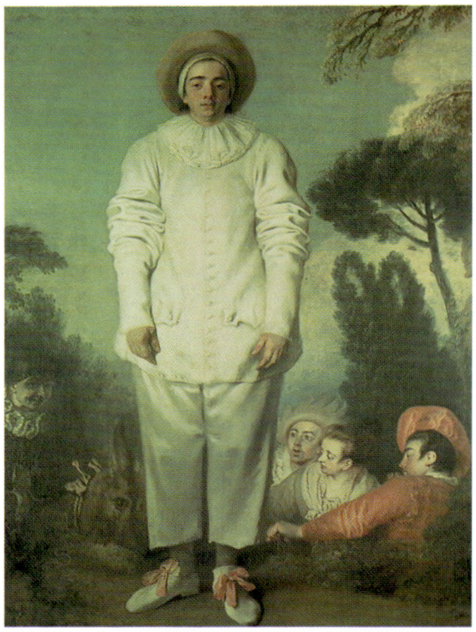
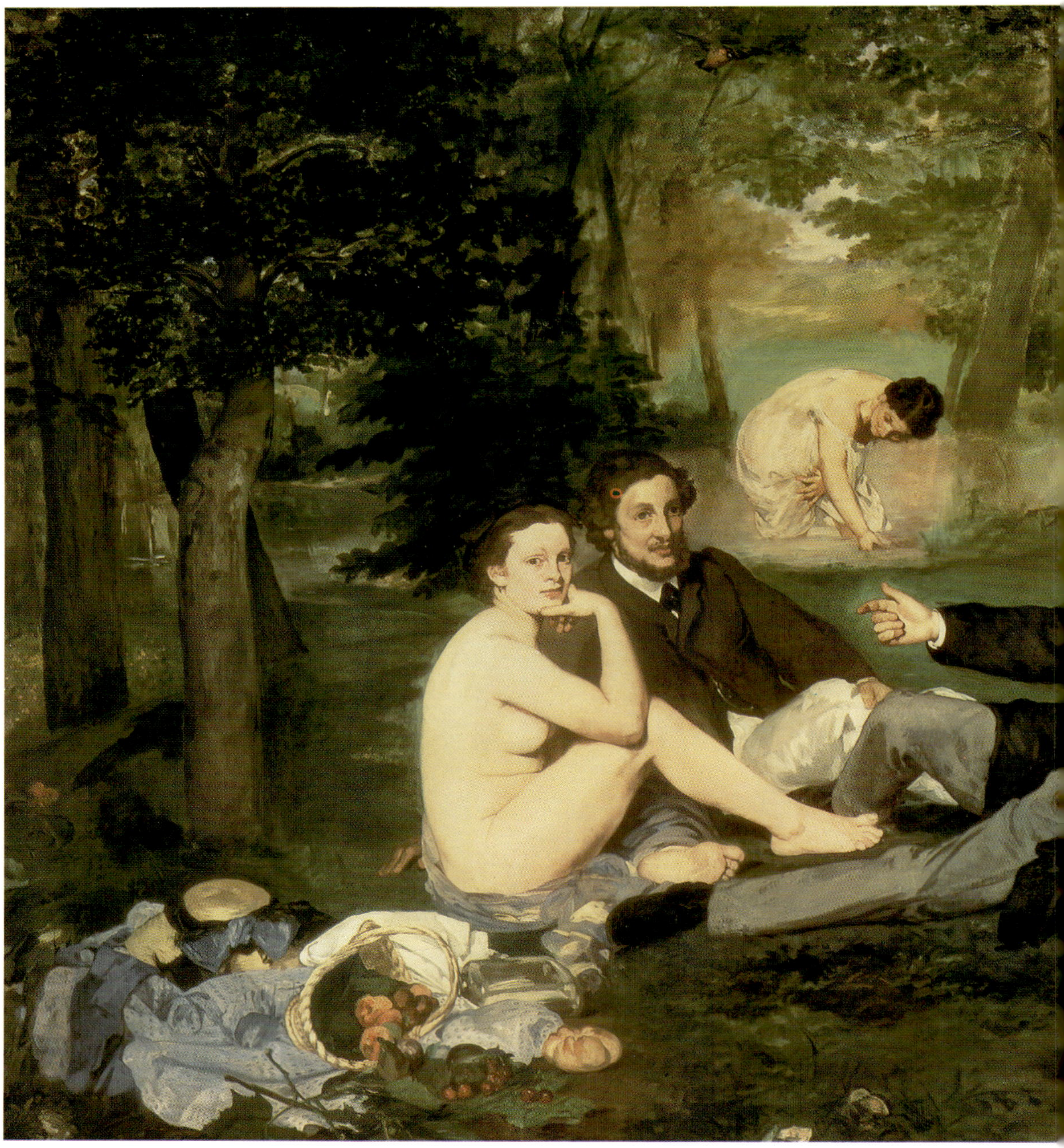
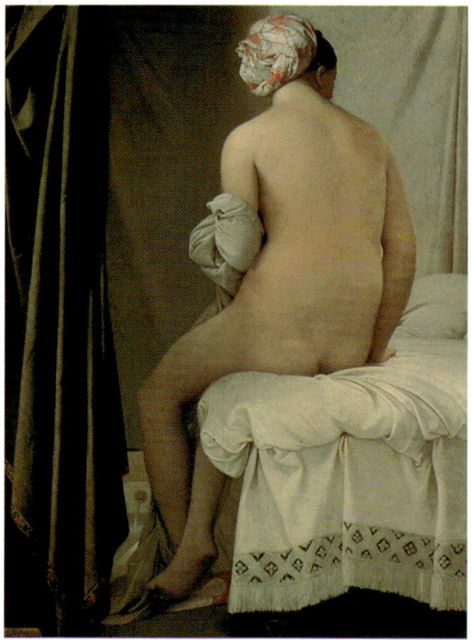
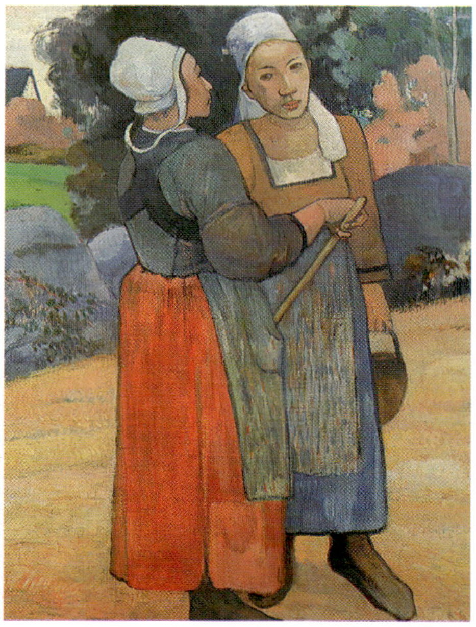
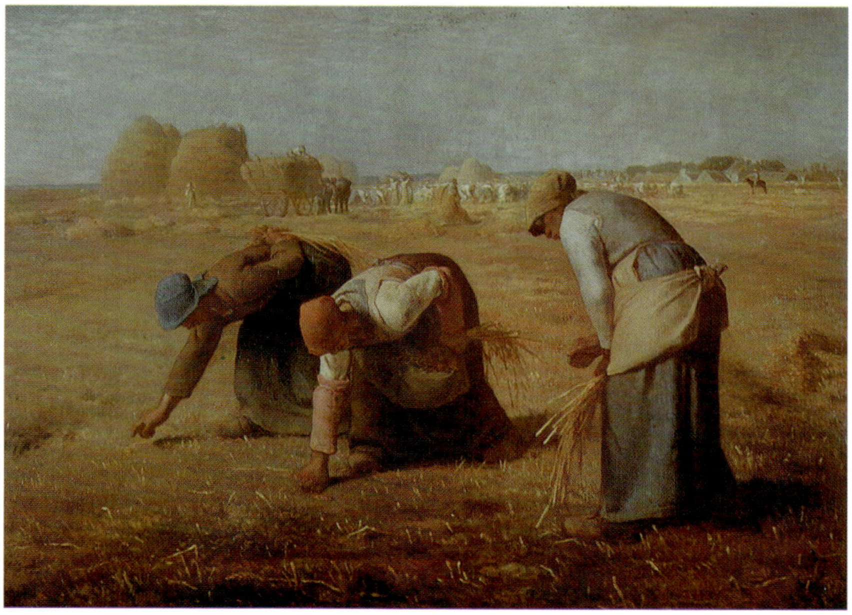
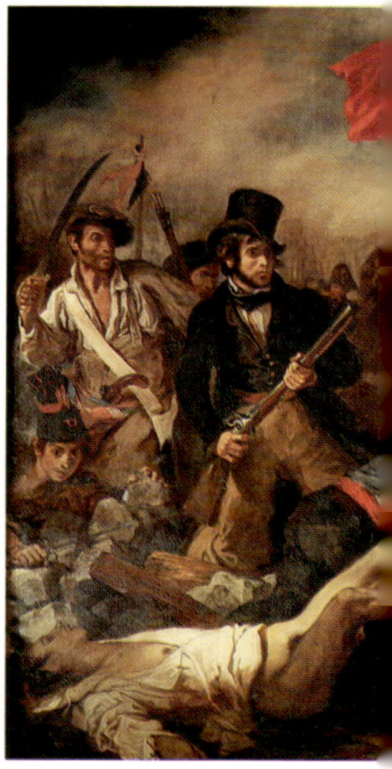

Meisterwerke der französischen Malerei vom Rokoko bis zur Pop-Art. Links oben: «Gilles», eines der Hauptwerke Antoine Watteaus (1684–1721), des Malers der galanten Feste der höfischen Gesellschaft (um 1718/19, Musée du Louvre, Paris). – Links Mitte: «Die Badende» von Jean Auguste Dominique Ingres (1780–1867), einem der bedeutendsten Repräsentanten des französischen Klassizismus (1808, Musée du Louvre, Paris). – Links unten: «Bretonische Bäuerinnen» von Paul Gauguin (1849–1903; 1894, Musée d'Orsay, Paris; Ausschnitt). – Mitte oben: «Frühstück im Freien» von Edouard Manet (1831–1883), ein wegbereitendes Werk für den Impressionismus (1863, Musée du Louvre, Paris). – Mitte unten links: «Die Ährenleserinnen», eines der bekanntesten Werke von Jean-François Millet (1814–1875), der sich etwa ab 1845 bäuerlichen Motiven zuwandte (1857, Musée du Louvre, Paris). Mitte unten rechts: «Die Freiheit führt das Volk auf die Barrikaden» von Eugène Delacroix (1798–1863). Das berühmte Monumentalgemälde von 1830 entstand unter dem Eindruck der Julirevolution (Musée du Louvre, Paris). – Rechts oben: «Das Meer bei L'Estaque», ein Werk von Paul Cézanne (1839–1906). Das Gemälde stellt einen bedeutenden Schritt hin zur abstrakten Malerei dar (1895/98, Staatliche Kunsthalle, Karlsruhe). – Rechts unten: Niki de Saint-Phalle (geboren 1930), «Tanzende Negernana». Seit 1964 gehören diese sinnlich-bunten Figuren, die sie als «Vorboten eines neuen matriarchalischen Zeitalters» verstanden wissen will, zum Werk der Künstlerin.

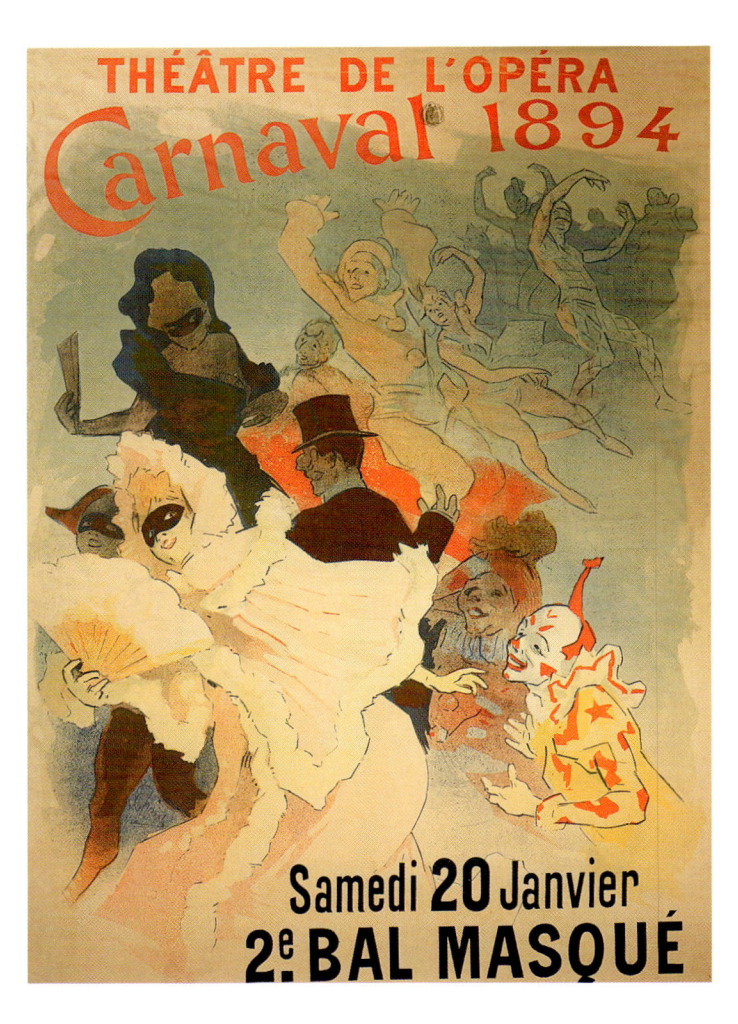

Plakatkunst der lebensfrohen Belle Époque mit Beispielen ihrer beiden Hauptvertreter, Jules Chéret (1836–1932) und Henri de Toulouse-Lautrec (1864–1901).

Links: Plakat für den Karneval 1894 im Théâtre de l'Opéra in Paris, Lithographie von Jules Chéret.

Rechts: Plakat von Henri de Toulouse-Lautrec für das Kabarett-Programm «Divan Japonais».

Museum, und Jean Cocteaus wegen darf man auch ohne Heiratsabsicht in die *Salle des Mariages* des Rathauses, die mit seinen Fresken geschmückt ist. Henri Matisse malte in Vence die Chapelle du Rosaire aus, und Nizza hat ihm ein eigenes Museum gewidmet.

Nizza, dieses Dorado der Museumsgänger (denen überdies die Pforten der städtischen Museen gratis offenstehen), hat noch eine exquisite Sammlung zu bieten, eine wahre Trouvaille: Das Musée des Beaux-Arts Jules Chéret. Denn Chéret, der *Roi des affiches*, der mit seinen Plakatgraphiken für Cabaret, Maskenball, Hippodrom und Casino wie kein anderer die Lebenslust der Belle Époque zum Sprühen brachte, war noch viel mehr als ein König der Plakate. Er entwarf Wandbilder und Vasen, bemalte Porzellane und Möbel und zauberte *phantasy*-Figuren, bevor er fast hundertjährig 1932 in Nizza starb.

Längs der Riviera haben sich Reichtum und Sammlerstolz extravagante Refugien gebaut. Manche dieser Luxusdomizile öffnen sich unter den Wappenschilden hoch- oder geldadliger Bonvivants auch dem weniger betuchten Publikum – nicht nur in Monaco, wo der französische Franc das Porträt des Fürsten Rainier trägt und sein maurisches Phantasieschloß («Palais Princier») vielen schon deshalb eine Attraktion bedeutet, weil im Thronsaal einst Rainier und Grace Kelly den Bund fürs Leben schlossen.

Einer der skurrilsten Plätze ist die Fondation Henry Clewes, der Nachbau einer mittelalterlichen Burg, den sich nach dem Ersten Weltkrieg ein romantischer Multimillionär und Bildhauer leistete, bei La Napoule westlich von Cannes. In einer der opulentesten Riviera-Residenzen befindet sich das Musée Ephrussi de Rothschild, inmitten eines Palmenparks hoch über dem Meer bei Saint-Jean-Cap-Ferrat gelegen, angefüllt mit Kostbarkeiten europäischer und fernöstlicher Kunst.

Mehr noch als alle Maharadscha- und Magnatenpracht dieser goldgerandeten Küste bezaubert dann immer wieder die Stiftung des Pariser Kunsthändlers Maeght in Saint-Paul-de-Vence. Der Architekt, ein Schüler Le Corbusiers, setzte in die Natur der östlichen Provence eine offene, von Licht durchströmte Museumsstruktur, in der die Bildwerke der

Art-Deco-Plakate aus dem Jahr 1931 für die große Kolonialausstellung in Paris, in der das auf vier Kontinente verteilte Kolonialreich stolz repräsentiert wurde. Dennoch war Frankreichs koloniale Macht zu dieser Zeit nicht mehr unangetastet, wie etwa die damaligen Aufstände in Marokko zeigten. In den folgenden Jahrzehnten befreiten sich die meisten «Kolonialvölker» in Zentral-, Nord- und Westafrika sowie in Indochina. Nur einige überseeische Départements wie Französisch-Guyana oder Guadeloupe haben sich noch erhalten.

großen Meister des Jahrhunderts, Gemälde und Skulpturen von Bonnard bis Braque und Matisse, von Kandinsky bis Giacometti und Kemény ihre Schönheit und Dynamik entfalten. «Gibt es etwas Geheimnisvolleres als die Erde und die Blumen? Alles muß eine Einheit bleiben, im Kunstwerk wie in der Natur. Das ist es, was die Landschaft hier mich lehrt», hat Marc Chagall gesagt, der lange in Saint-Paul-de-Vence lebte.

Die Euphorie solcher Orte – es finden sich in Frankreichs Landschaften etliche, wo Natur, Architektur und Kunst sich in harmonischer Balance vertragen – kann sich zu noch höheren Glücksgraden steigern, wenn nur ein paar hundert Schritte entfernt ein Haus wie die «Auberge de la Colombe d'Or» wartet. Der einstige Landgasthof vor dem mittelalterlichen Mauerring von Saint-Paul-de-Vence ist längst zum Edelrestaurant mutiert, doch hat die «Goldene Taube» ihren rustikalen Charme nicht verloren, auch wenn sie zu exquisiter Küche lädt und ihre Gäste unter Gemälden von Meistern tafeln läßt, die denen drüben in der «Fondation Maeght» um nichts nachstehen – einige sind hier wie dort vertreten. Der Erste Weltkrieg war noch nicht lange vorüber, als Amedeo Modigliani und Chaim Soutine nach Mahlzeiten bei Monsieur Roux, dem ersten Wirt der «Colombe d'Or», ihre Bilder in Zahlung geben mußten.

Revolutionen im Restaurant

Frankreichs Gastronomie hat seither neue Päpste, neue Dogmen und auch eine Wiederentdeckung der Regionalküchen erlebt. In der Provence war Auguste Escoffier zu Hause, man kann in seinem Heimatort Villeneuve-Loubet, nur einen Katzensprung von Cagnes und Saint-Paul entfernt, das Musée d'Art Culinaire besuchen, das dem 1935 in Monte Carlo verstorbenen ersten Großmeister der modernen Kochkunst gewidmet ist. Eine noch viel ältere Tradition haben die *Herbes de Provence*. Viele Provençalen sind unerschütterlich überzeugt, daß keine Landschaft der Erde eine größere Vielzahl köstlicher Kräuter

TAFELFREUDEN IM LAND DER GOURMETS

Die französische Küche ist sprichwörtlich berühmt. Sie hat Tradition – mindestens seit der Französischen Revolution: Damals verloren die Hofköche des guillotinierten Adels ihren Job und eröffneten in Paris Restaurants. Das Vergnügen beginnt schon lange vor dem Kochen. Auf einem französischen Markt einzukaufen, ist ein wahrer Sinnengenuß: Gemüse, Früchte, Kräuter, Fisch, Geflügel, Käse, Oliven – Düfte und Aromen steigen in die Nase und lassen schon vorweg das Wasser im Mund zusammenlaufen. Alles ist frisch – und das ist wohl eines der Geheimnisse der französischen Küche. Jede Stadt hat mindestens einen Markttag pro Woche, die Waren kommen auf kürzestem Weg vom Produzenten meist aus der eigenen Region. Genauso wichtig wie frische Zutaten ist die Art der Zubereitung, die unendlich viele Varianten hat. Doch bei der französischen Eßkultur kommt es nicht allein auf das WAS an, sondern auch auf das WIE: Wie ißt man in Frankreich? Man nimmt sich Zeit beim Essen. Auch der heutige, streßgeplagte Franzose läßt sich, wenn möglich, Zeit fürs Essen. Eine Mahlzeit kann Stunden dauern: Mehrere Gänge folgen aufeinander. Der Apéritif weckt die Geschmacksnerven. Das Hors d'œuvre, eine leichte Vorspeise, besänftigt den größten Hunger, so daß man die Hauptspeise in Ruhe auskosten kann. Dazwischen mag noch etwas Suppe gereicht werden oder Salat; eine kleine Käseauswahl beschließt den Reigen. Zu allem ißt man Brot, meist das leichte französische Weißbrot. Der Genuß eines jeden Gerichts wird erhöht durch den passenden Wein. Als Schlußakkord, wenn alles, auch das Brot, vom Tisch ist, wählt man ein Dessert – oft eine Crème oder Pâtisserie, was in Frankreich wahrhaft die kleine Sünde wert ist. Ein kleiner schwarzer Kaffee holt den Gourmet wieder in die Wirklichkeit zurück. Der Digestif, ein Cognac, Armagnac oder Obstbranntwein, rundet das genüßliche Mahl ab. Zwischen den einzelnen Gängen, die man im Restaurant oft erst bestellt, wenn man den vorigen beendet hat – welche Rücksichtnahme auf individuelle Lust und Laune! –, verstreicht Zeit, man plaudert, man parliert. Die Franzosen essen am liebsten in Gesellschaft, gern gehen sie mit Freunden ins Restaurant. Es gibt viele kleine Restaurants, oft verborgen auf dem Land. Hier findet man frisch zubereitete Spezialitäten der regionalen Küche. Immer sind die Tische einladend gedeckt, Teller und Gläser stehen auf der Tischdecke bereit. Ein solches gemeinsames Essen nimmt man meist abends ein (*dîner*). Das Mittagessen (*déjeuner*) ist weniger wichtig als in Deutschland, und das Frühstück (*petit déjeuner*) fristet ein stiefmütterliches Dasein – vielleicht deswegen, um den Appetit für den Abend zu bewahren und die kulinarische Spannung zu erhöhen?

Constanze Kirmse

Der Meisterkoch Paul Bocuse, einer der Begründer der Nouvelle Cuisine.

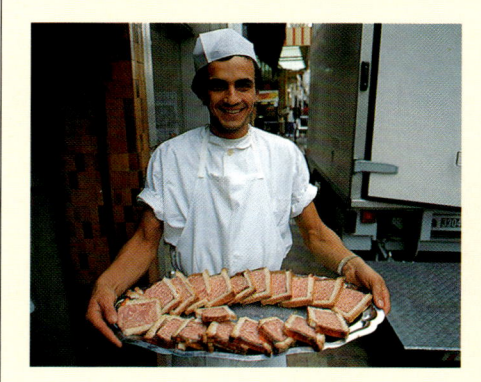

Mitte: Fischmarkt in Concarneau – zur «großen Küche» gehören Austern, Muscheln und Hummer. – Unten: Französische Spezialitäten – Paté (Pastete) und Quiches frisch vom Erzeuger.

Rechte Seite: Stilleben von französischen Märkten. Baguettes und Brioches, Oliven aus der Provence, eingelegte Sardinen, Käse, knackiges Gemüse und Cidre, der beliebte Apfelwein aus der Normandie – Zutaten für jene hohe Kochkunst, die bis heute von der ganzen Welt bewundert wird.

43

hervorbringt. Thymian, Rosmarin, Basilikum und Majoran gehören zur klassischen Kräuter-Mischung der Provence. Zur landestypischen Küche gehört aber unentbehrlich auch die Knoblauchwürze, wie zum Jahreslauf die Knoblauchfeste im Juli und August.

Bevor man von den Gewürzen zu den Gerichten und zum provençalischen Menu kommt, muß an eine kleine französische Revolution erinnert werden. Paul Bocuse, der weltweit bekannte Meisterkoch aus Lyon, richtete mit seiner *Nouvelle Cuisine* in den siebziger Jahren diese Revolution an. Innovativ war Bocuse, weil er mit allem Eifer darauf bestand, nur kurz zu garen und den Eigengeschmack der möglichst naturbelassenen Lebensmittel zu bewahren. Aber wirklich revolutionär tönte sein einfaches Credo: «Meiner Ansicht nach sollte man beim Verlassen des Tisches noch ein wenig Hunger haben.» Bocuses Kommentar zu diesem neuen Glaubenssatz: «Ein einziges warmes Gericht scheint mir, auch bei einem großen Essen, vollauf zu genügen. [...] Diese Essen mit warmer Vorspeise, warmem Fischgericht, warmem Fleischgericht und warmer Nachspeise sind schlichtweg tödlich.»

Seither muß auch ein Ausländer in Frankreich nicht mehr den Bannstrahl des Oberkellners fürchten, wenn er zur Mittagsstunde kein mindestens dreigängiges und mindestens zweistündiges Menu mit Dessert und Kaffee zu bestellen bereit ist.

Aber wer sich die Zeit gönnt und Appetit genug mitbringt, wird immer noch kulinarisch reichlich belohnt. Allerdings hat sich das gelobte Land des guten Essens gastronomisch auch sonst gewandelt. Man muß vielleicht etwas suchen oder einen verläßlichen Ratgeber haben, um nicht zu gepfeffertem Preis ein Menu serviert zu bekommen, das sich auf der Karte zwar mit hübschen Namen in Schönschrift präsentiert, auf dem Teller aber nur wenig anders als in einer billigen Großgaststätte.

Im besseren Fall wird man nach dem Pastis, dem Anisschnaps, der sich wie Pernod mit Wasser weiß färbt, in der Provence mit einer Wildpastete oder einer *Salade Niçoise* beginnen, die es in zahllosen Varianten gibt, auch wenn Eier, Oliven und Anchovis die klassischen Bestandteile sind. Die Fischsuppe *Bouillabaisse* aus Marseille wird oft als Hauptgericht serviert. *Moules à la Provençale* sind Miesmuscheln, die mit Kräutern und Knoblauch überbacken werden. Kräuter gehören auch zu den Fleischgerichten wie *Gigot mariné* (marinierte Lammkeule) oder *Pigeons farcis* (gefüllte Täubchen). Das Käsebrett, Obst oder ein noch warmer, mit Früchten belegter Kuchen machen den Abschluß. Genießer reisen von einer französischen Provinz zur anderen, um sich am Landesüblichen zu delektieren. Dazu gehören natürlich auch Frankreichs Weine (siehe auch Seite 111).

Dichtung und Wahrheit: L'amour in Frankreich

Den Franzosen sagt man nach, daß sie das Leben leicht und locker nehmen, als Lebenskünstler des *laisser faire, laisser aller*. Zumal in Deutschland, aber auch in den angelsächsischen Ländern stellte man sich selbstgerecht in die Positur des Tüchtigen, Gründlichen, Pünktlichen, Fleißigen, dem ein Franzose vielleicht an gesellschaftlicher Eleganz, an erotischem Charme, an Brillanz der Sprache überlegen, an Leistungswillen und Leistungskraft aber zweifellos unterlegen sei. Schon Goethe, der die Eigenheiten der europäischen Nationen gern kommentierte, gestand der französischen zwar «gewaltige moralische und physische Kraft» zu, urteilte aber über die Franzosen, sie hätten wohl «Verstand und Geist, aber kein Fundament und keine Pietät».

Vorurteile erweisen sich als um so hartnäckiger, wenn sie sich einst aus zutreffenden Beobachtungen gebildet haben. Als Goethe jung war, lebte die französische Hofgesellschaft in der Genußkultur des Ancien Régime. Ihren Schäferspielen konnte man vieles, aber kaum pietätvollen Umgang mit dem Nächsten nachsagen. Der schöne Schein dieser Welt glänzt bis heute aus den Bildern Jean-Antoine Watteaus, er leuchtet um die galanten marmornen Grazien in den Parks französischer Schlösser. Das erotische Kalkül, die frivolen Mechanismen dieser feudalen Freizeitgesellschaft durchschauten auch die Zeitgenossen. In seinem Briefroman «Les liaisons dangereuses» (Die gefährlichen Liebschaften)

Auguste Rodins berühmte Skulpturengruppe «Die Bürger von Calais» erinnert an das heroische Verhalten jener sechs Männer, die sich während der Belagerung der Stadt im Hundertjährigen Krieg als Geiseln in die Hände der feindlichen Engländer begaben. Rechts im Bild das im frühen 20. Jahrhundert im flämischen Renaissancestil erbaute Rathaus der Stadt.

Nächste Doppelseite: Zu den Naturschönheiten der Normandie gehören die Falaises, von Wind und Wellen bizarr geformte Steilabbrüche und Klippen der Kalksteinküste. Im Bild eines der markanten Felstore bei Étretat.

45

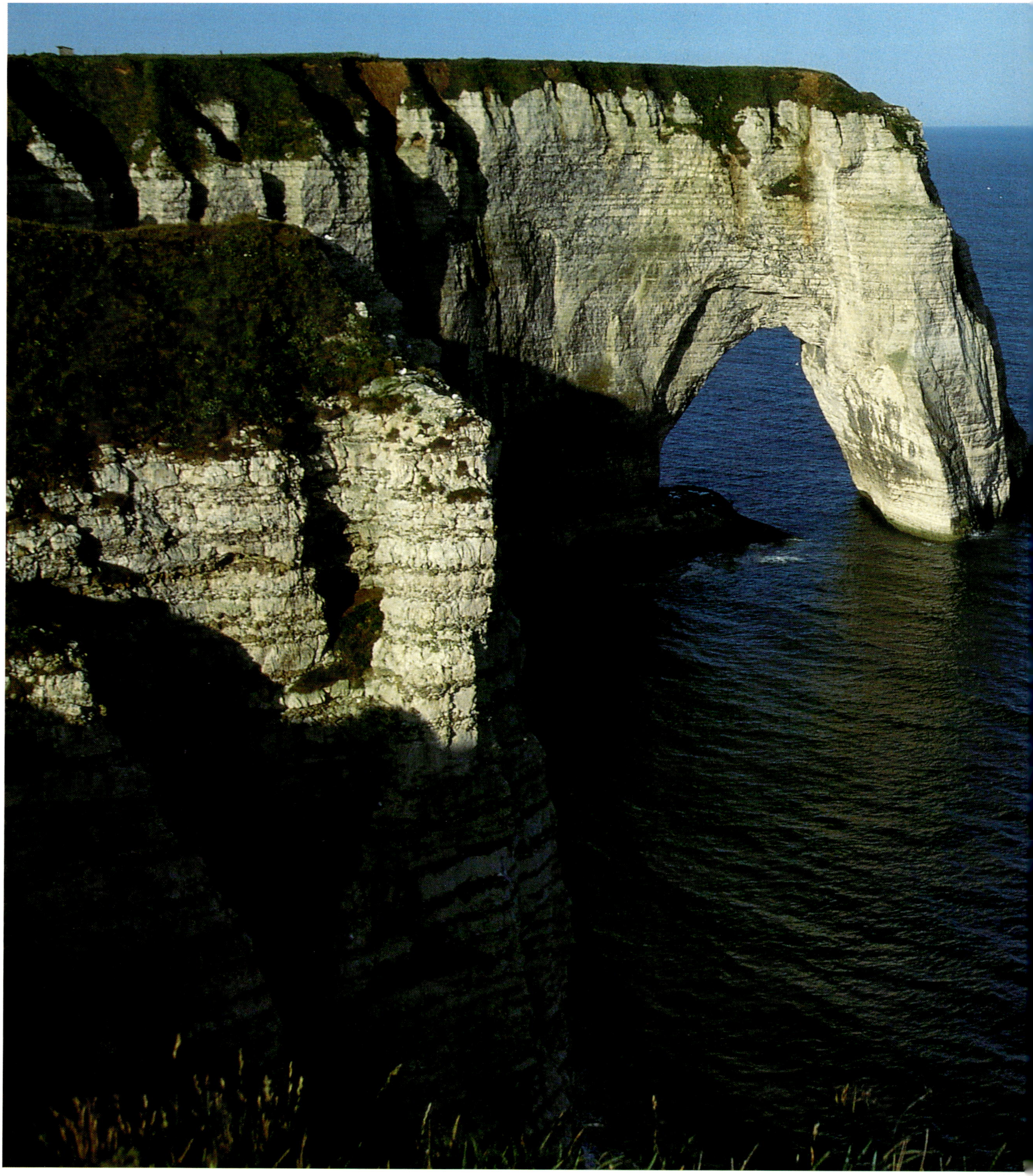

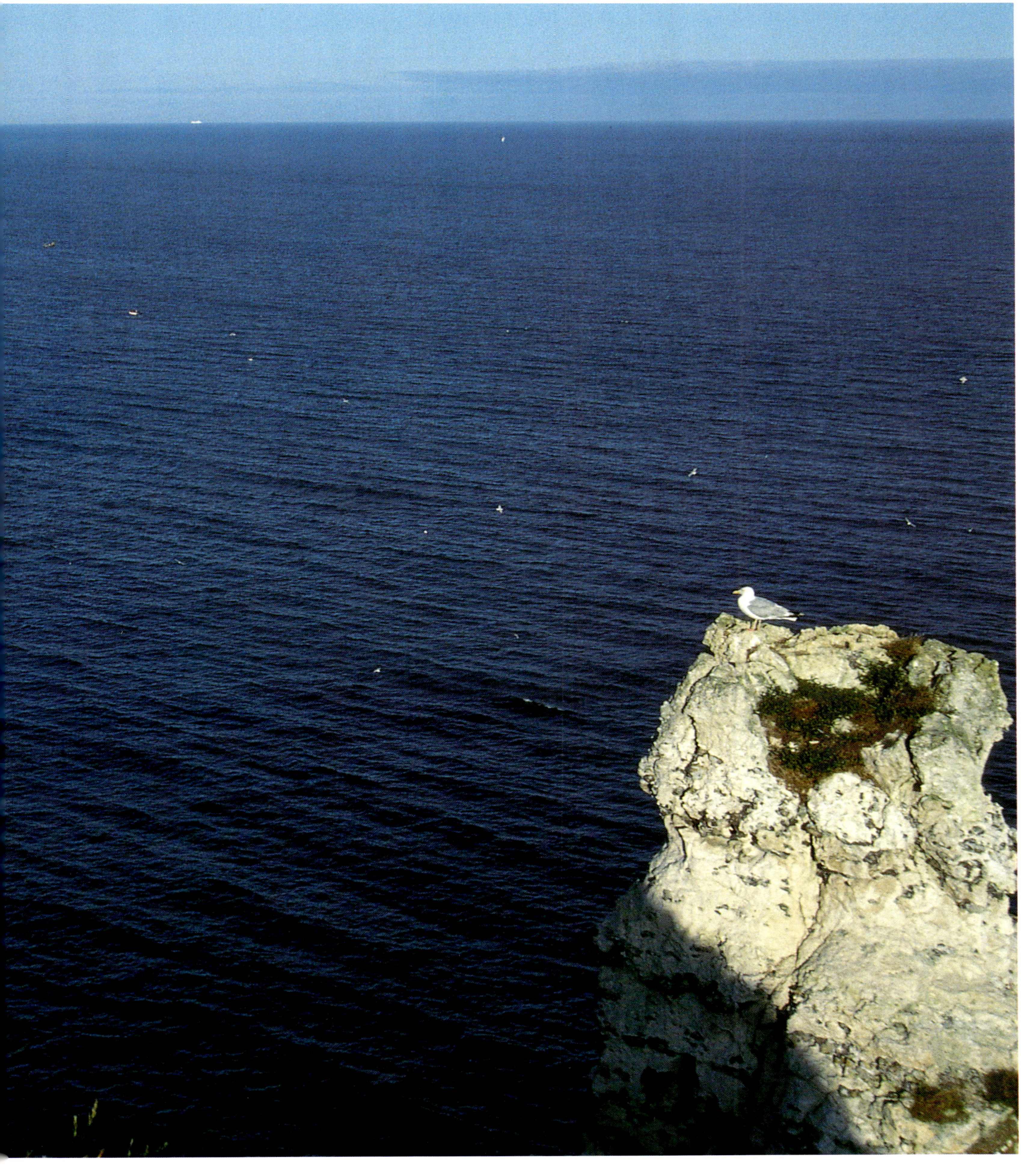

Buntes Strandleben prägt die traditionsreichen Seebäder am Ärmelkanal wie hier in Trouville (oben) oder dem mondäneren Deauville (unten), dem «Nizza der Normandie».

Nachmittag in Trouville. Ob in der Provence oder der Normandie, für das leger-sportliche Pétanque-Spiel findet sich immer ein geeigneter Platz.

Leuchtturm in Camaret-sur-Mer, ein bei Anglern beliebter Treffpunkt auf der bretonischen Halbinsel Crozon. In der Bretagne, in der kein Ort mehr als 80 Kilometer vom Meer entfernt liegt, ist die Fischerei nach wie vor von sehr großer wirtschaftlicher Bedeutung.

Das «Wunder des Abendlandes» – der Mont-Saint-Michel im äußersten Westen der Normandie. Bei starker Flut wird der Granitfelsen mit der festungsartigen Klosteranlage vom Festland getrennt.

Bei Trégastel. Die Côte de Granit Rose mit ihren feinsandigen Stränden und wassergeformten Klippen gilt als einer der schönsten Küstenstriche der Nordbretagne.

Nächste Doppelseite: Blick auf die mittelalterliche Stadtmauer von Vannes, die heute von schönen Gartenanlagen umgeben ist. Im Vordergrund, am Flüßchen Rohan, eines der malerischen alten Waschhäuser (lavoirs) mit seinem langgestreckten Schieferdach.

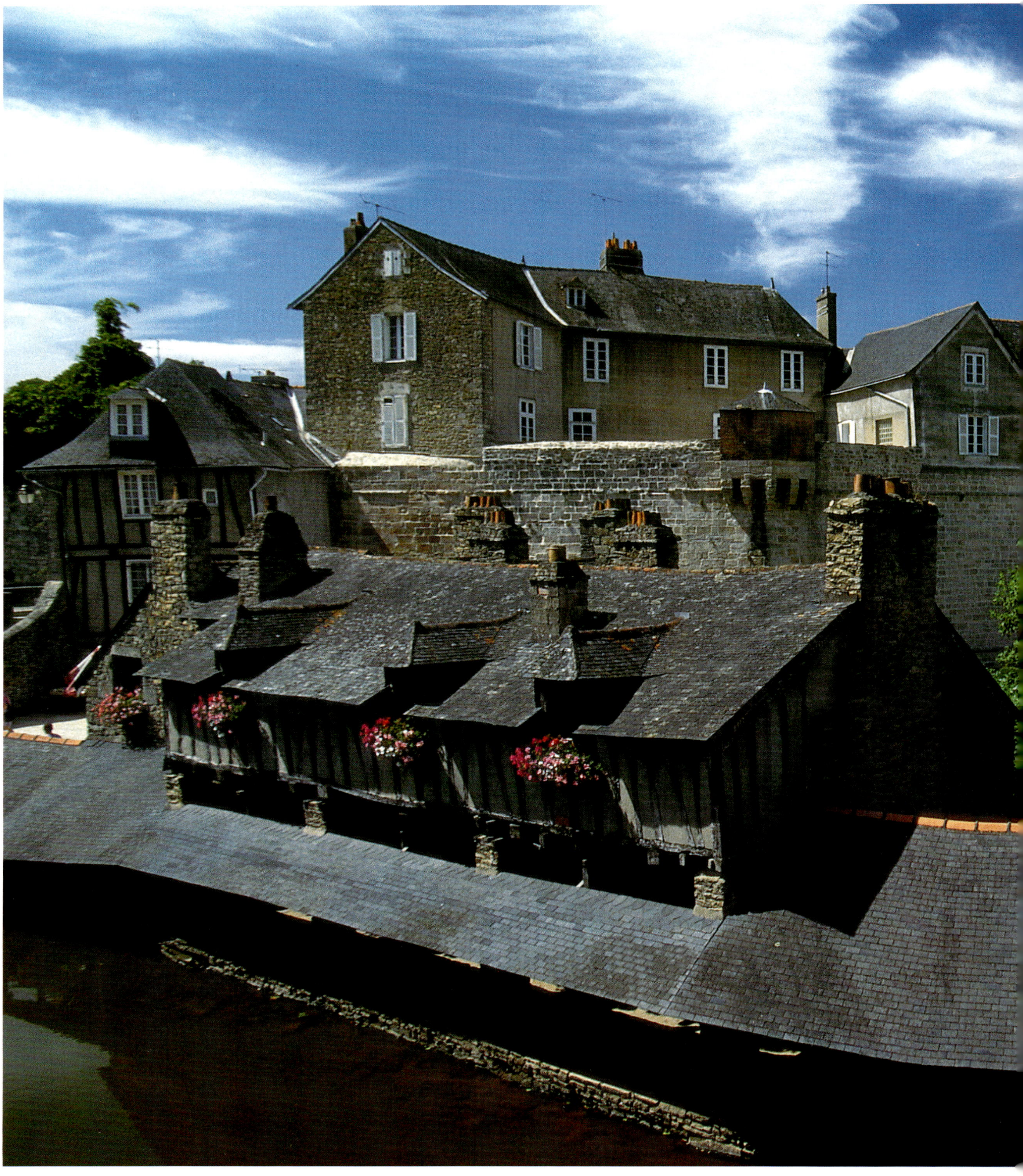

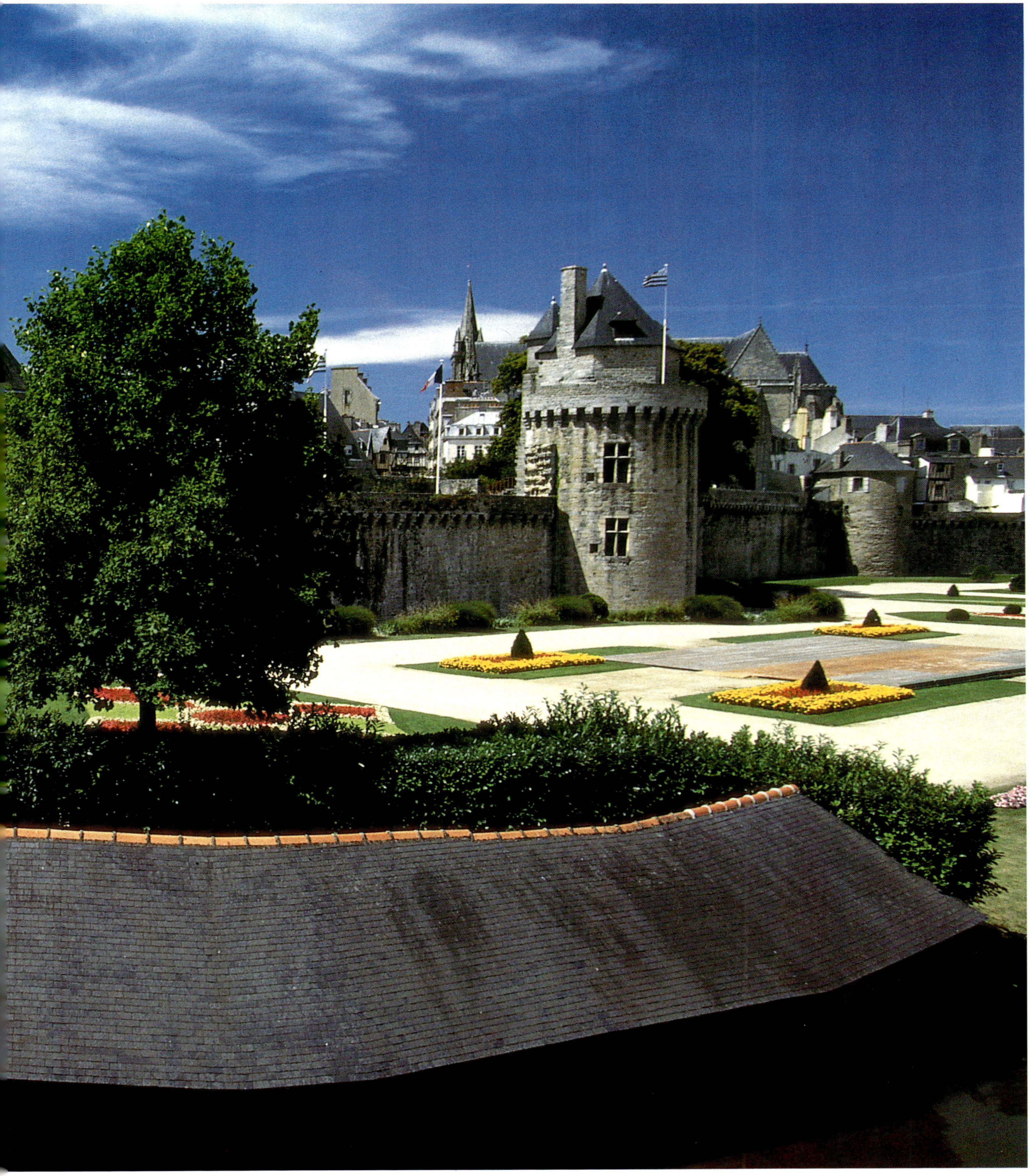

Alte Windmühle bei Muzillac im Mündungsgebiet der Vilaine. Diese herbschöne Landschaft südlich von Vannes gehört zu den vom Tourismus noch kaum entdeckten Gegenden der Bretagne.

Morgensport in Ploumanac'h. Die eindrucksvoll geformten grauroten Granitfelsen geben dem kleinen Fischerort seine besondere Atmosphäre.

An der Mole von Concarneau, dem drittgrößten Fischereihafen Frankreichs. Besonders Kabeljau und Barben, Seezungen und Sardinen lassen sich vor der bretonischen Küste fangen.

Nächste Doppelseite: Üppige Blütenpracht schmückt die mächtigen, aus Granitquadern erbauten Häuser im Zentrum von Locronan. Die Bürger dieser architektonisch besonders einheitlichen bretonischen Kleinstadt waren im 16. und 17. Jahrhundert durch Segeltuchherstellung zu Wohlstand gelangt.

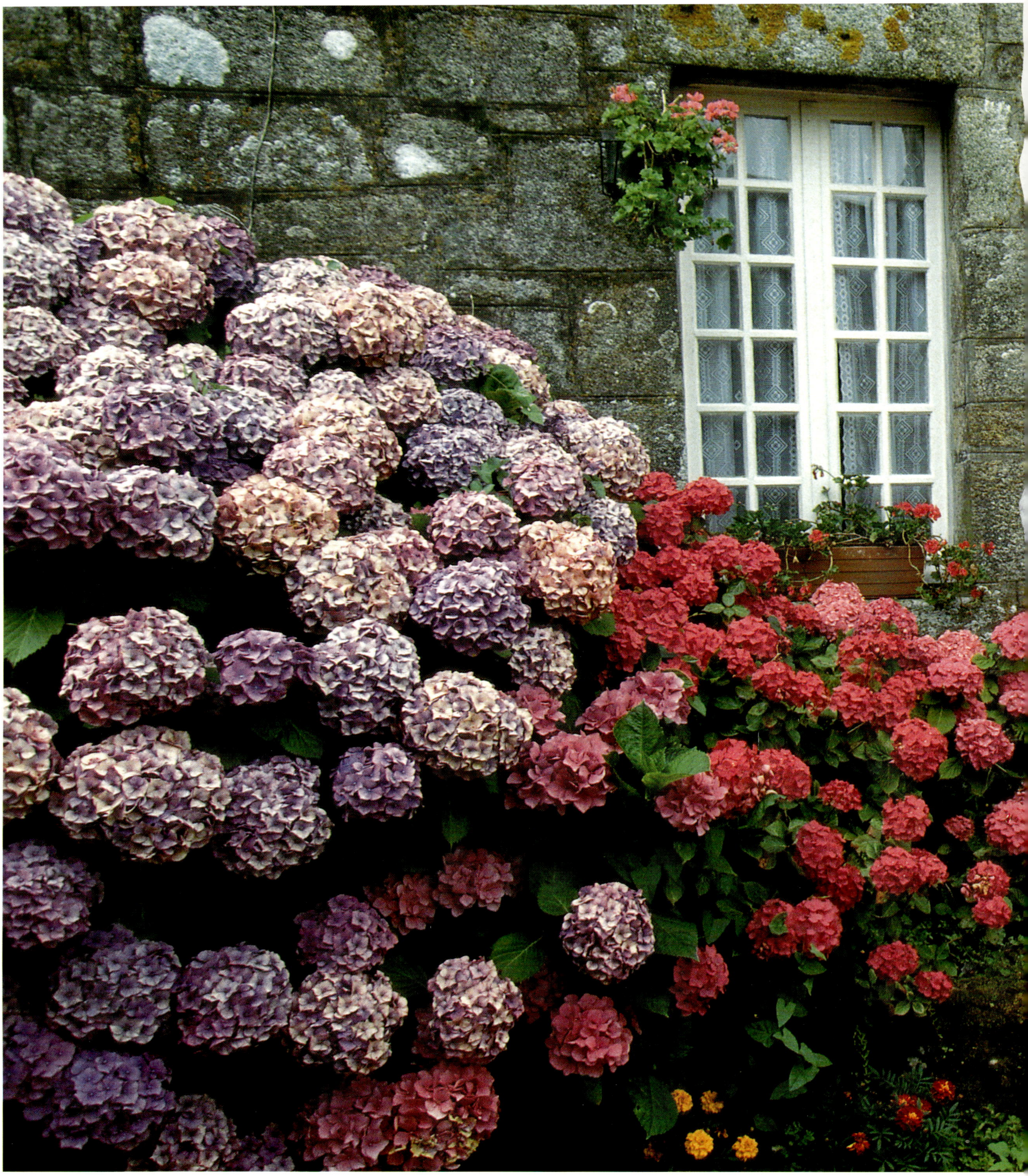

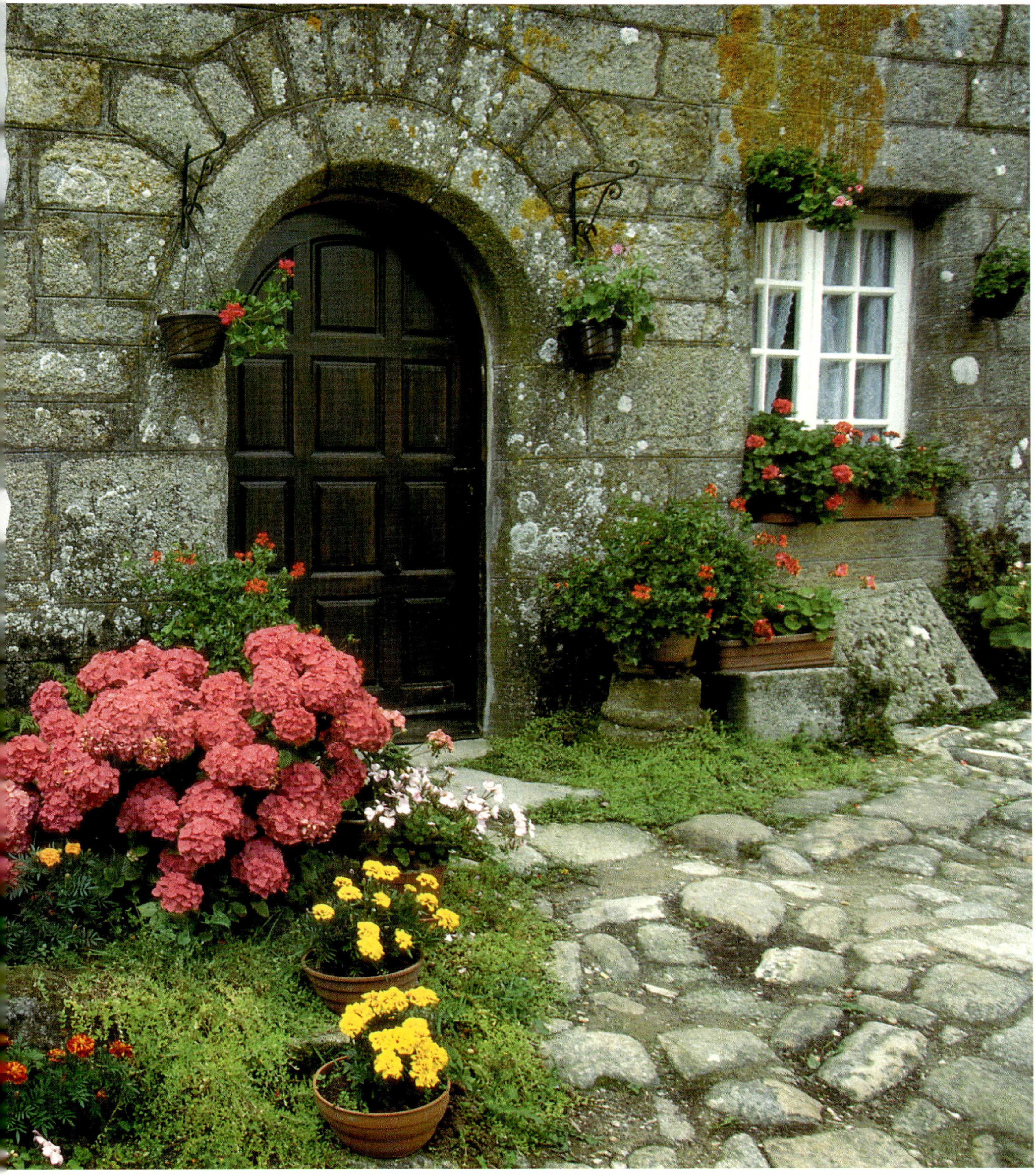

Junge Bretonin beim Festival der Kelten, dem «Festival Interceltique» in Lorient. Hübsch anzusehen ist die Landestracht mit ihrem Kontrast zwischen den dunklen, bestickten Kleidern und dem zarten Filigran weißer Spitzen.

hat sie der Schriftsteller Choderlos de Laclos noch vor der Französischen Revolution enthüllt, ein paar Jahre später schrieb er für Robespierre Reden. Noch deutlichere Kritik riskierte Pierre Augustin Caron de Beaumarchais mit seiner Komödie «Le mariage de Figaro» (Die Hochzeit des Figaro), in der es fast zum offenen Aufstand gegen die erotischen Machenschaften der Herrschaft kommt. Von der Zensur erstaunlicherweise freigegeben, wurde das Stück ein rauschender Bühnenerfolg, unter dem Applaus des Adels, der auch dieses Menetekel der Revolution ignorierte.

Den stärksten neuen Ton in der Welt der Gefühle hatte schon drei Jahrzehnte vor der Revolution der Genfer Uhrmachersohn Jean-Jacques Rousseau gebracht, mit dem Liebesbriefroman «Julie ou La nouvelle Héloise». Zum Kultbuch über Frankreichs Grenzen hinaus wurde die «Neue Héloise» – als ein leidenschaftliches Plädoyer für die Reinheit ursprünglicher Natur und für das Recht des Gefühls über die Schranken der Konvention hinaus. In der rigoros zeremoniellen Ära gepuderter Perücken wirkte Rousseaus Botschaft wie ein längst erwarteter emotionaler Befreiungsschlag.

Seine Resonanz wurde durch die idealistische Verklärung des Naturzustandes gegenüber der moralischen Verderbnis der Zivilisation auch keineswegs gemindert, eher im Gegenteil. Das «Zurück zur Natur!» – ein Appell, den Rousseau selbst nie so formuliert hat – brauchte nicht wörtlich genommen, nicht auf allen Komfort der Zivilisation gleich verzichtet zu werden. Es genügte den meisten schon, sich empfindsam zu geben.

Von der «Comédie humaine» zum französischen Kino

Von Stendhal, der «De l'amour» schrieb, bis zu Balzac, der das gigantische Romanwerk der «Comédie humaine» entwarf und in ihren mehr als achtzig Bänden das Leben und die Leidenschaften seiner Epoche schilderte, von Flauberts «Madame Bovary» bis zu Zola, der in seinem Romanzyklus «Les Rougon-Macquart» eine Familien- und zugleich eine Sozialgeschichte des Zweiten Kaiserreichs darstellte, haben die französischen Romanciers des 19. Jahrhunderts nie ein Geheimnis daraus gemacht, welche Rolle *l'amour* und die Amouren im Leben ihrer Mitbürger spielten. Nämlich eben nicht die Hauptrolle, auch wenn – oder weil? – die Franzosen überall als das Volk gelten, das sich mit der Liebe auskennt, erfahren als Liebhaber wie als Geliebte. Es mag in ihrem Leben vielleicht auch den *coup de foudre* (wörtlich: Donnerschlag) der plötzlichen Liebesergriffenheit oder die *amour fou*, die unsinnige, hoffnungslose Liebe geben – doch meist kommen sie mit heiler Haut davon.

Im bürgerlichen Leben finden sich die leidenschaftlichst Liebenden düpiert vom sachlich rechnenden Kalkül der oder des Geliebten, und am Ende geben gesellschaftliche Reputation und Karriere, nicht die romantischen Gefühle den Ausschlag. Die bedingungslose Emotion, allemal mit dem Stigma des Amoralischen behaftet, hat freilich gerade Frankreichs Künstler und Schriftsteller immer wieder fasziniert, von Prosper Mérimées und Georges Bizets «Carmen» und Charles Baudelaires «Les Fleurs du Mal» (Die Blumen des Bösen) bis zu der düsteren «Histoire d'O», deren Erscheinen unter dem Pseudonym Pauline Réage 1954 international Skandal machte. Im Land des Marquis de Sade ist aber auch die Schilderung schmerzlichster, sadomasochistischer Ekstase nicht tabu. Kein Geringerer als der Schriftsteller Jean Paulhan (1884–1968), Mitglied der Académie Française, erklärte die «Geschichte der O» zum literarischen Meisterwerk.

Balzacs «Comédie humaine» wird im ausgehenden 20. Jahrhundert dennoch weniger in Romanen fortgeführt als im französischen Film. In Frankreich entstanden die ersten Fotografien und die ersten Kinofilme (siehe auch Seite 62). Frankreichs Filmregisseure, die heute der Zahl nach nur einen kleinen Anteil an der internationalen Filmproduktion aufbringen, sind dennoch unersetzlich. Prägnant, kühl und doch mitreißend zeigen und beschreiben sie in ihren Geschichten das Leben des Menschen im 20. Jahrhundert. Fast immer sind es französische Menschen, doch sind sie so dargestellt, daß der Zuschauer, der nicht Franzose ist, ihre Lebensgeschichten in die eigene Welt übersetzen kann.

Fortsetzung Seite 66

WO DIE BILDER LAUFEN LERNTEN

Der große Edison hatte das Nachsehen. Durch sein Kinetoskop (1894) waren unterm Okular kleine Filmstreifen zu sehen, doch dieses «Einmannkino» verschwand auf dem Friedhof der unzulänglichen Erfindungen. Der entscheidende Schritt zum künftigen Kino gelang den Brüdern Lumière aus Lyon. Ihr Kinematograph projizierte am 22. März 1895 erstmals einen Film, kurz bevor im Berliner «Wintergarten» Max Skladanowskys Bioskop seine Premiere hatte.

Den Ausschlag dafür, daß Frankreich zum ersten Zentrum des neuen Mediums Film wurde, gab jedoch nicht die knappe Zeitpriorität, sondern das technisch handlichere System des Kinematographen und die finanzielle Potenz der Fabrikantensöhne Lumière – Vater Antoine betrieb eine Fabrik für Fotopapiere.

Mit den Lach- und Trickeffekten der ersten Streifen à la «Der begossene Gärtner», mit Dokumentar- und Reportagefilmen wie «Die Ankunft des Zuges» oder «Die Krönung Zar Nikolaus' II.» holten die Brüder Lumière Tausende vor ihre Kinematographen. Louis Lumière (1864 bis 1948) war selbst Kameramann und Regisseur, schon 1896 schickte er Kameraleute quer durch Europa. «Das Leben selbst, auf frischer Tat ertappt – das war das Rezept der Brüder Lumière», schreibt der polnische Filmhistoriker Jerzy Toeplitz. Von Paris bis Sankt Petersburg flim-

Ganz links: «Die Ferien des Monsieur Hulot» von Jacques Tati, ein Klassiker des komischen Films aus dem Jahr 1951.

Oben: Die Gründerväter des Kinos – die Brüder Lumière (links Louis Lumière, rechts Auguste Lumière) in ihrem Laboratorium.

Links: Jean Paul Belmondo in «Stavisky» (1974) von Alain Resnais, einem Regisseur, der zu den Vertretern der Nouvelle Vague (Neuen Welle) gerechnet wird.

merten ihre im Durchschnitt kaum mehr als 20 Meter langen Filme überall in den Caféhäusern und Jahrmarktsbuden.

Die Lumières, tatsachentreue Techniker, arbeiteten ohne Dekorationen, Drehbücher, Schauspieler. Ein Mann vom Theatermetier mußte kommen, um den Spielfilm zu «erfinden». Wieder war es ein Franzose: Georges Meliès, Illusionist, Schauspieler und Theaterbesitzer, eröffnete 1897 in Montreuil bei Paris das erste Filmatelier. Meliès war verliebt ins Phantastische, ein Trick-Tüftler und großer Jules-Verne-Bewunderer, und keineswegs zufällig wurde von seinen mindestens 500 (!) Filmen «Die Reise zum Mond» am berühmtesten.

Die anfangs so unbeholfene Mixtur aus *real life*, Klamauk und einer Prise Kunst, mit der das neue Medium vor die Öffentlichkeit trat, enthielt doch bereits alle Treibsätze für eine Zukunft der unbegrenzten Möglichkeiten. Französische Unternehmen und Banken stiegen unverzüglich ins Geschäft ein. Schon im Jahr 1896 gründete Charles Pathé seine Firma *Pathé Frères*, die zum ersten Konzern der neuen Filmindustrie wuchs, mit 15 Aktiengesellschaften und großen Ateliers in Vincennes. Ein Jahr zuvor hatte Léon Gaumont seine *Société des Établissements Gaumont* gestartet, er produzierte auf den Buttes-Chaumont bei Paris, in London und in New York und baute ein weltweites Verleihnetz auf.

Ein Jahrhundert nach dieser Pionier-Ära ist auch in Frankreich vor allem von den Schwierigkeiten und Krisen des Kinos die

Rechts unten: Brigitte Bardot und Michel Piccoli in «Die Verachtung» (1963), einem frühen Film von Jean-Luc Godard.

Rechts oben: Claude Chabrol (geboren 1930), der kritische Chronist des Bürgertums, bei Arbeiten zu seinem Film «Die Phantome des Hutmachers» (1982). Wie Godard gehört er zu den Begründern der Nouvelle Vague, einer wichtigen Oppositionsbewegung gegen den kommerziellen Film im Frankreich der späten fünfziger Jahre.

Rede. Jack Lang, der ehemalige französische Kulturminister, konstatiert einen hundertprozentigen Machtanspruch der USA auf den Filmmarkt und appelliert an die Europäer, «nicht wie die Maus vor der Schlange zu erstarren», sondern, beispielsweise, die Kinder zur *Cinéphilie* zu erziehen, sie im Lesen von Bildern zu schulen. Damit nicht nach einem Jahrhundert einer immer reicher entwickelten Filmsprache nur visueller Serienramsch auf Leinwänden und Bildschirmen dominiert. Das wäre eine zu traurige, eine unerträgliche Vision – im Land so bedeutender Filmschaffender wie René Clair und Jean Renoir, Marcel Carné, Jean Cocteau, Max Ophüls und Jacques Tati, Claude Chabrol und François Truffaut, Jean-Luc Godard, Alain Resnais und Louis Malle, Eric Rohmer und Léos Carax.

Michael Neumann-Adrian

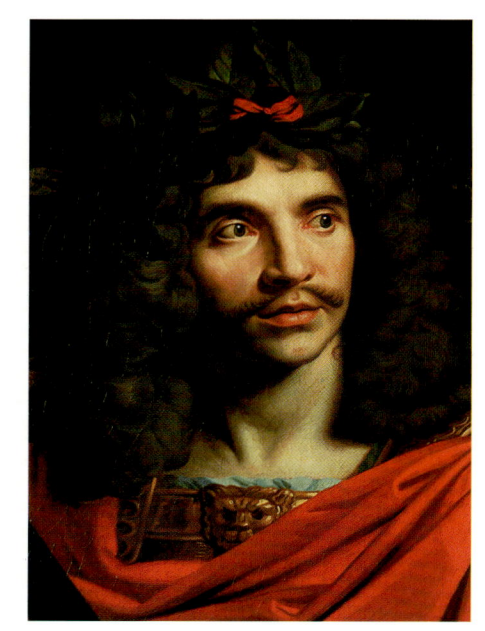

Dichter, Gelehrte und Philosophen, die die französische Geistesgeschichte prägten.

Oben links: Der Philosoph und Mathematiker René Descartes (1596–1650).

Oben Mitte: Der Philosoph und Schriftsteller Jean-Jacques Rousseau (1712–1778).

Oben rechts: Der Dichter Molière (1622–1673). Seine Komödien, in deren Hauptrollen er selbst auftrat, gehören zur Weltliteratur.

Mitte links: Der Schriftsteller und Philosoph Voltaire (1694–1778) auf einem Gemälde seines Freundes Jean Huber (um 1770).

Mitte rechts: «Eine Soirée bei Mme. Geoffrin». Unter den Dargestellten sind auch die dem Geist und der Philosophie der Aufklärung verpflichteten Enzyklopädisten d'Alembert, Diderot, Montesquieu und Malesherbes.

Unten links: Der Schriftsteller und Philosoph Jean-Paul Sartre (1905 bis 1980), Hauptvertreter des französischen Existentialismus (Foto, um 1960).

Unten Mitte: Die Schriftstellerin Simone de Beauvoir (1908–1986; Foto, um 1960).

Unten rechts: Der Schriftsteller und Nobelpreisträger Albert Camus (1913–1960; Foto, um 1959).

Große Romanciers und Musiker des 19. und frühen 20. Jahrhunderts.

Oben links: Honoré de Balzac (1799 bis 1850), Begründer des soziologischen Realismus im Roman.

Oben Mitte: Gustave Flaubert (1821–1880), der Autor des Romans «Madame Bovary».

Oben rechts: Victor Hugo (1802–1885). Als sein Meisterwerk gilt der historische Roman «Der Glöckner von Notre-Dame» (1831).

Mitte links: Das Gemälde «Hommage à Delacroix» von Henri Fantin-Latour zeigt in dem Kreis um den Maler Eugène Delacroix auch den Dichter Charles Baudelaire (1821–1867; 1864, Musée d'Orsay, Paris).

Mitte rechts: Die Schriftstellerin George Sand (1804–1876), eine Vorkämpferin der Emanzipation.

Unten links: Émile Zola (1840–1902; Gemälde von Edouard Manet, 1868).

Unten Mitte: Claude Debussy (1862–1918).

Unten rechts: Maurice Ravel (1875 bis 1937); wie Debussy schuf er Hauptwerke des musikalischen Impressionismus.

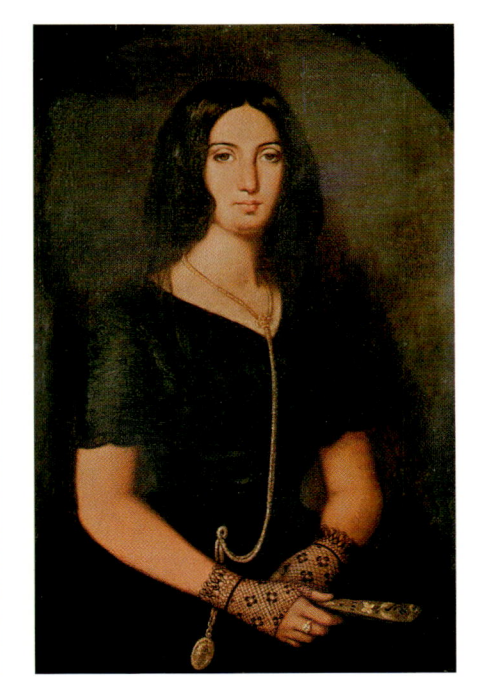

63

Die Pariser U-Bahn ist eine der ältesten der Welt; die erste Linie wurde im Jahr 1900 in Betrieb genommen. Die charakteristischen gußeisernen Umrahmungen der Treppenschächte schuf Hector Guimard, der französische Meister des Jugendstils. Einige Dutzend von ihnen schmücken noch heute die Pariser Straßen und Plätze.

Legendärer Tempel des Pariser Nachtlebens, Geburtsstätte des frivolen Cancan, berühmt für seine Revues: Das Cabaret Moulin Rouge, eines der ältesten Nachtlokale der Stadt im Herzen des Vergnügungsviertels um die Place Pigalle.

FRANKREICHS LIED: DAS CHANSON

Toulouse-Lautrec hat ihn auf einem seiner berühmtesten Plakate dargestellt, den Couplet-Sänger Aristide Bruant. Mit Knotenstock, schwarzem Hut und rotem Schal trat der ehemalige Rollkutscher von der Gare du Nord im «Ambassador», im «Chat Noir», «Mirliton» und «Eldorado» auf, ein zorniger Volkssänger, der die Bürger der *Belle Époque* mit vulgärem Charme provozierte, aber auch unter Schriftstellern, Journalisten, Musikern seine Zuhörer hatte – Émile Zola, den jüngeren Alexandre Dumas und Claude Debussy, der im «Chat Noir» zum Dirigieren eine Blechgabel schwenkte.

Unsichtbar zugegen waren in den Cabarets von Montmartre die Urväter des scharfen, gegen soziale Ungerechtigkeit engagierten Chansons: François Villon (1431–1463) und Pierre Jean de Béranger (1780–1857), den die Polizei der Bourbonen wegen seiner «aufrührerischen und unsittlichen Lieder» mehrmals inhaftierte, dem aber kein Geringerer als Goethe bezeugte, er habe «nicht bloß die Bewunderung Frankreichs, sondern des ganzen gebildeten Europas» erregt.

Protest- und Spottlieder, Liebes- und Tanzlieder, Trinklieder und moritatenhafte Balladen, auch *Complainte* genannt, wurden seit den Zeiten der Troubadoure und Vaganten gesungen. In den acht Bänden der «Histoire de France par les chansons» sind fast 10 000 Chansons zusammengetragen. Nie entstanden sie so rasch wie während der Französischen Revolution – insgesamt waren es weit über 2000 in den Jahren zwischen 1789 und 1795. Seit das Chanson von der Straße auf die Bühne zog, traten auch die Sängerinnen hervor: die unvergessene Yvette Guilbert (1866–1944) als erste, die Mistinguett (1875–1956), die als «Königin der Pariser Revuetheater» gefeiert wurde, seit den dreißiger Jahren Édith Piaf (1915–1963) und bis heute Juliette Gréco und Barbara. Einige der erfolgreichsten Chanson-Stars, die in den *Music Halls*, im «Alhambra» und «Olympia» ihr Publikum begeisterten, kamen von ganz unten, wie die Piaf, wie auch Maurice Chevalier, der, als neuntes Kind eines Alkoholikers im Pariser Armen-Quartier Ménilmontant geboren, mit seinem unvermeidlichen Strohhut als Inbegriff des Charmeurs und «Botschafter der guten Laune» auftrat.

Die leiseren, die literarischen Töne sind für das französische Chanson seit den dreißiger Jahren immer wichtiger geworden. Charles Trenet mit keckem Wortwitz und surrealer Phantasie, Jacques Prévert und Léo Ferré mit ihren Alltags-Miniaturen, George Brassens als Poet des *savoir vivre* der Außenseiter und der einfachen Leute, Charles Aznavour mit seinen Liebesliedern voller Tristesse und Sinnlichkeit – sie alle sind Beispiele einer neuen Chanson-Kultur im Zeichen von Individualismus und unverstelltem Bekennen des Persönlichsten.

Und heute? Die Namen – um nur einige zu nennen: Francis Cabrel, Julien Clerc, Francis Lalanne und Renaud – sind nicht auf Millionen von Schallplatten oder CDs präsent, aber ihre Lieder zeigen, wie lebendig das französische Chanson ist.

Michael Neumann-Adrian

Yves Montand; Fernsehauftritt 1970.

«Der Spatz von Paris»: Édith Piaf, 1957.

Maurice Chevalier (1888–1972), für viele die Verkörperung französischen Charmes.

Zweifel an Frankreich?

Klage geht um, daß auch Frankreich nicht mehr ist, was es einmal war. Kann man Frankreich noch lieben, wenn Fastfood-Ketten die französische Küche verdrängen? Auch in französischen Terminkalendern, kommt einem zu Ohren, ist kein Platz mehr für mehrstündiges Tafeln um die Mittagszeit. Wer wird noch einer Baskenmütze oder einer Citroën-Ente ansichtig? Wann hat man den letzten Musette-Walzer gehört, wo doch aus jeder Disco Hardrock oder Techno wummert? Das französische Chanson, ist es nicht dahingegangen mit den großen Namen der Nachkriegszeit, mit Maurice Chevalier und Edith Piaf, Juliette Gréco und zuletzt noch Yves Montand? (Siehe auch Seite 65.) Gibt es, argwöhnen solche Klagen, vielleicht auch das französische *savoir vivre* nicht mehr, das weniger lebenskluge Nationen immer bewunderten? Sind die Franzosen von heute ebenso hektisch erfolgsorientiert wie der Rest Europas? Sind sie gar noch mehr auf moderne Technik und Effizienz fixiert als wir anderen Europäer? Wo wird, ein Beispiel nur, Wintersport so hochtechnisiert betrieben wie in den Skistationen der französischen Alpen, mit ihren Betonappartements und 250 Schneekanonen?

Dies alles, entgegnen wir, trifft zu und ist doch nur die halbe Wahrheit. Werden wir eine hausgemachte Pasta in der Romagna nicht mehr genießen, weil es ziemlich unerträgliche Abfütterungs-Lokale an den Autobahnen des italienischen Stiefels gibt? Oder uns an Brüssels Art-Nouveau-Fassaden nicht mehr freuen, weil die Euro-Administration am gleichen Ort ihrer Bürokratie neue Hochhäuser stiftet? Wir Europäer, wenn wir uns denn nicht als Belgier und Briten, Deutsche, Franzosen und Italiener aufgeben wollen, dürfen weder auf die High-Tech-Moderne noch auf die überlieferten Vorzüge des Landesüblichen und Ländlichen, etwa auf die Weine und den Käse Frankreichs, verzichten.

Vorzüge hat ja auch die Moderne aufzuweisen, wenn kreative Köpfe die Technik auf menschenfreundliche Weise nutzen. Ob das zum Beispiel in Paris gelingt, wo Präsident Mitterrand ein Programm architektonischer Erneuerung verordnet und gefördert hat, das wagemutig, ja avantgardistisch und zugleich mit dem Führungsanspruch der *grandeur* daherkommt? Jedenfalls lohnt die Reise an die Seine, um die «Großen Projekte» in Augenschein zu nehmen, den schimmernden Kristall der Louvrepyramide, die spiegelnde Kugel des Weltraumkinos La Géode, die monumentale Geste der Grande Arche über dem – im übrigen eher mißglückten – Hochhausquartier La Défense. Mit großem Respekt vor der Stadtstruktur knüpfen auch die jüngsten Planungen an die gewachsenen Achsen an, nutzen entbehrlich gewordene Industrie- und Lager-Areale. Man hat umzudenken gelernt, ein Vierteljahrhundert nach dem Sündenfall von 1971, als mitten in der historischen Kernstadt unter weltweitem Protest die «Hallen» abgerissen wurden.

Mit Frankreich und seiner *grandeur* haben sich die europäischen Nachbarn über Jahrhunderte schwer getan, und Frankreich hat ebenso lange mit allen Nachbarn – mit Spaniern, Italienern, Schweizern, Deutschen, Belgiern und Engländern – Krieg geführt. Zum ersten Mal lebt heute eine Generation diesseits und jenseits der französischen Grenzen, die nicht bewaffnet übereinander hergefallen ist.

Unterwegs in Frankreich sollten wir zwei Franzosen nicht vergessen, die mehr als die meisten zum Frieden in Europa geholfen haben. Fahren wir in das Dorf Cocherel an der Eure nordwestlich von Paris. In Cocherel kaufte sich Aristide Briand ein Haus und einen Fischweiher, schnurrbärtig sitzt das Bronzedenkmal vor einer grünen Hecke und erinnert an den Staatsmann, der über den Gräben des Hasses schon vor einem halben Jahrhundert die Vision der Europäischen Union formuliert und den Friedenspakt in Locarno durchgesetzt hat. Und fahren wir in das elsässische Dorf Günsbach, wo Albert Schweitzer, deutsch und französisch sprechend, aufwuchs. Der «Urwalddoktor» von Lambarene hatte in Ehrfurcht vor dem Leben eine klare Botschaft: «Das, was heute not tut, ist das völlige Bemühen um den dauernden Frieden. Dies ist nicht nur das Aufhören kriegerischer Auseinandersetzungen zwischen den Völkern, es besteht in dem Aufhören der unter den Menschen herrschenden Friedlosigkeit überhaupt.»

Der über hundert Jahre alte Eiffelturm ist immer noch das Wahrzeichen von Paris, obwohl ihm andere Bauwerke inzwischen den Rang streitig machen. Von der Stabilität der fragilen Konstruktion waren die Pariser nie sonderlich überzeugt. Erst die Generalüberholung zwischen 1981 und 1989 schuf neues Vertrauen.

Nächste Doppelseite: Panoramablick vom Eiffelturm über das Häusermeer von Paris, der Hauptstadt der «Grande Nation». Immer wieder stand die Stadt im Mittelpunkt Europas, war tonangebend in Kunst und Wissenschaft, Mode und Architektur. Im Hintergrund links die Seine, rechts die goldene Kuppel des Invalidendoms.

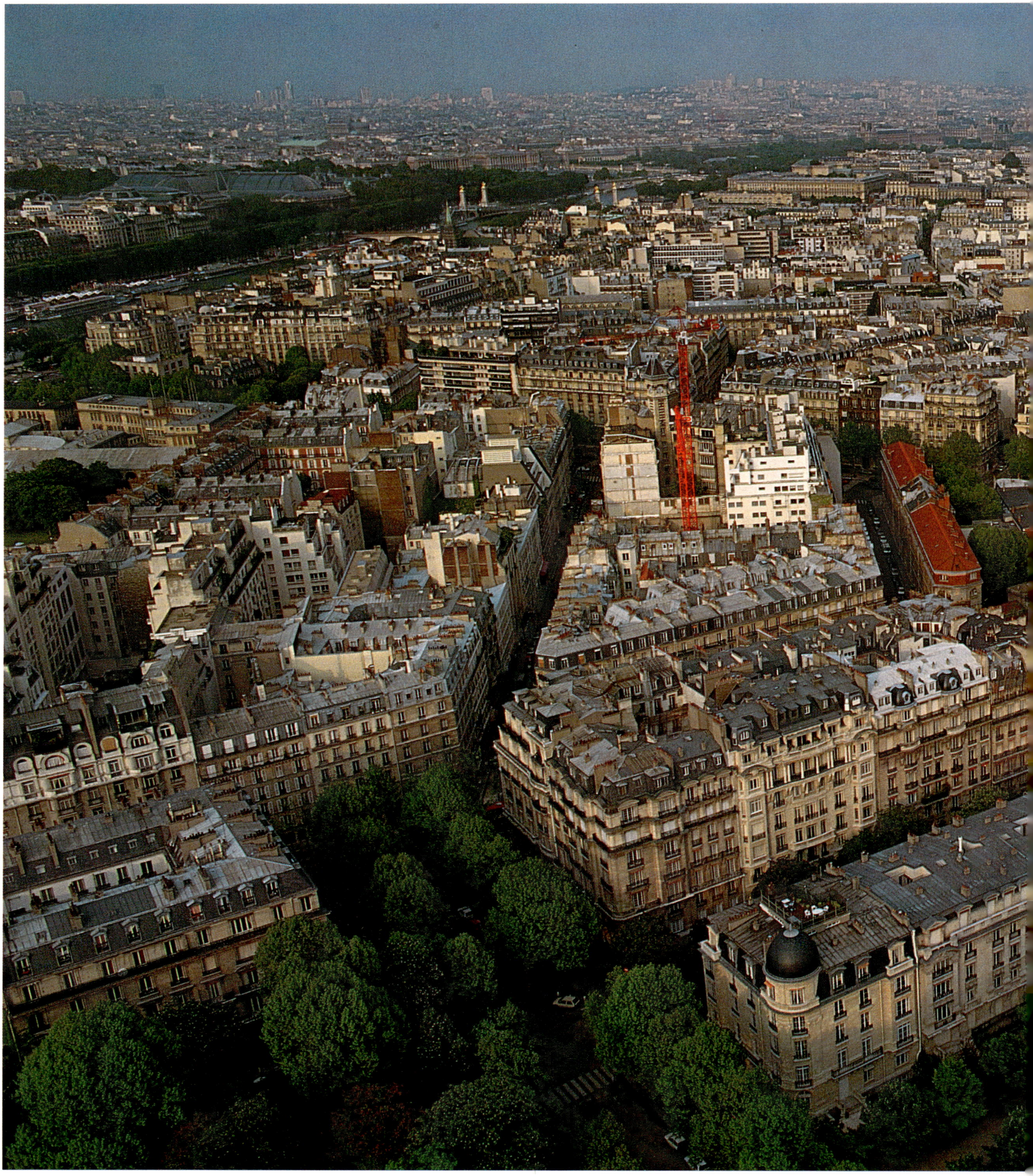

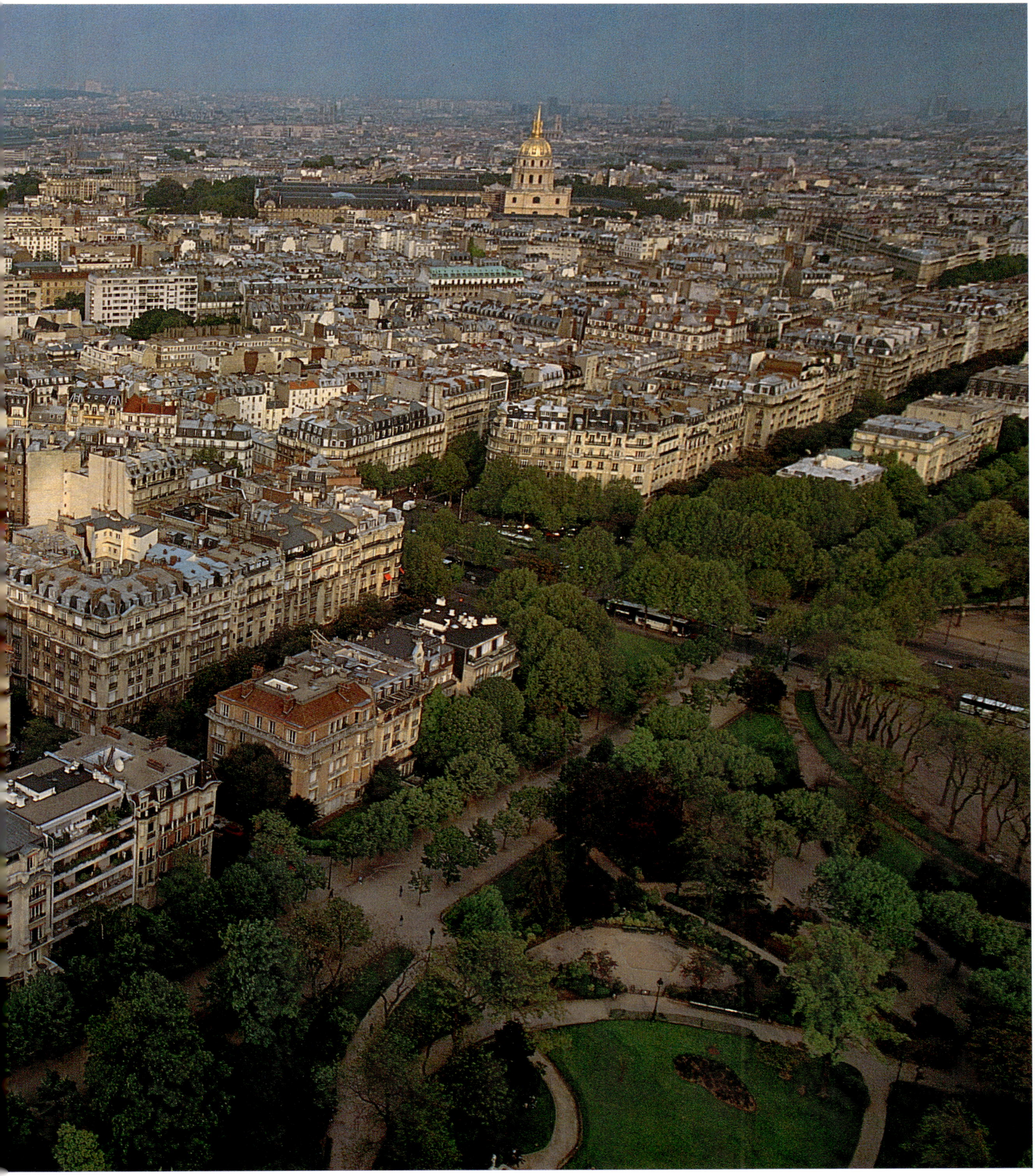

Die eigenwillig gestaltete Basilika Sacré-Cœur, das Wahrzeichen des Montmartre. Auf der weiten Freitreppe vor dem Kirchenbau im «Zuckerbäckerstil» begegnen sich Studenten und Künstler, Straßenmusikanten und Touristen aus aller Welt.

Gute Nachbarschaft: Ob an der Place des Vosges (links) oder an der Rive Droite, dem rechten Seine-Ufer (rechts), in den Pariser Wohnvierteln, Grünanlagen und Parks lassen sich Szenen fast kleinstädtischer Beschaulichkeit erleben.

Jugendstil-Bistro auf dem Cour du Commerce Saint-André. Die Cafés nahe der Kirche Saint-Germain-des-Prés gehören seit je zu den Treffpunkten der in Paris ansässigen Literaten und Künstler; heute findet man in diesem Viertel auch einige der interessantesten Jazzklubs der Stadt.

Nächste Doppelseite: Im Jardin du Luxembourg. Der prachtvolle Renaissancegarten ist einer der beliebtesten Parks der Pariser Innenstadt. Maria de Medici, die Witwe Heinrichs IV., ließ 1620/21 das Palais erbauen, in dem heute der französische Senat seinen Sitz hat.

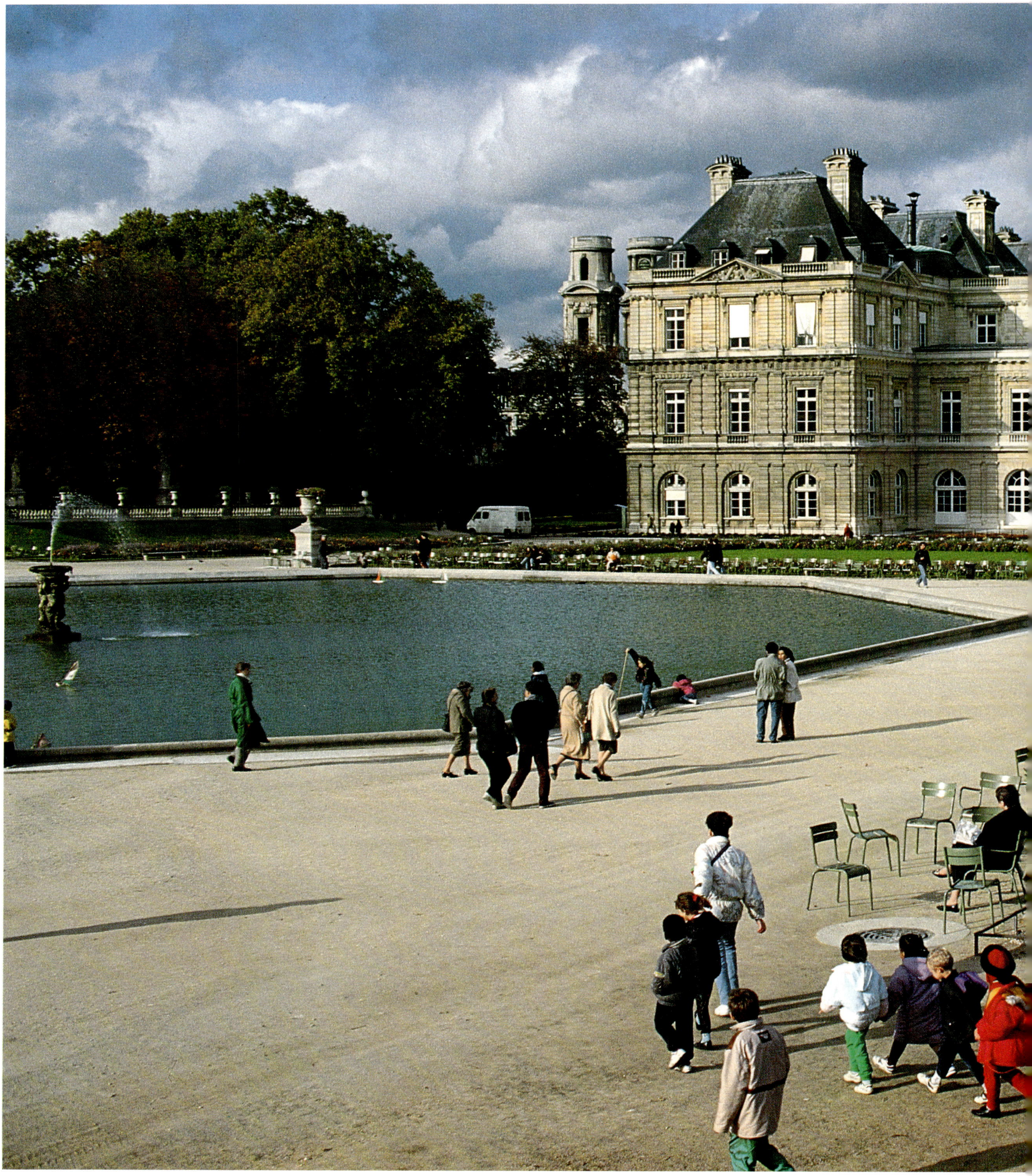

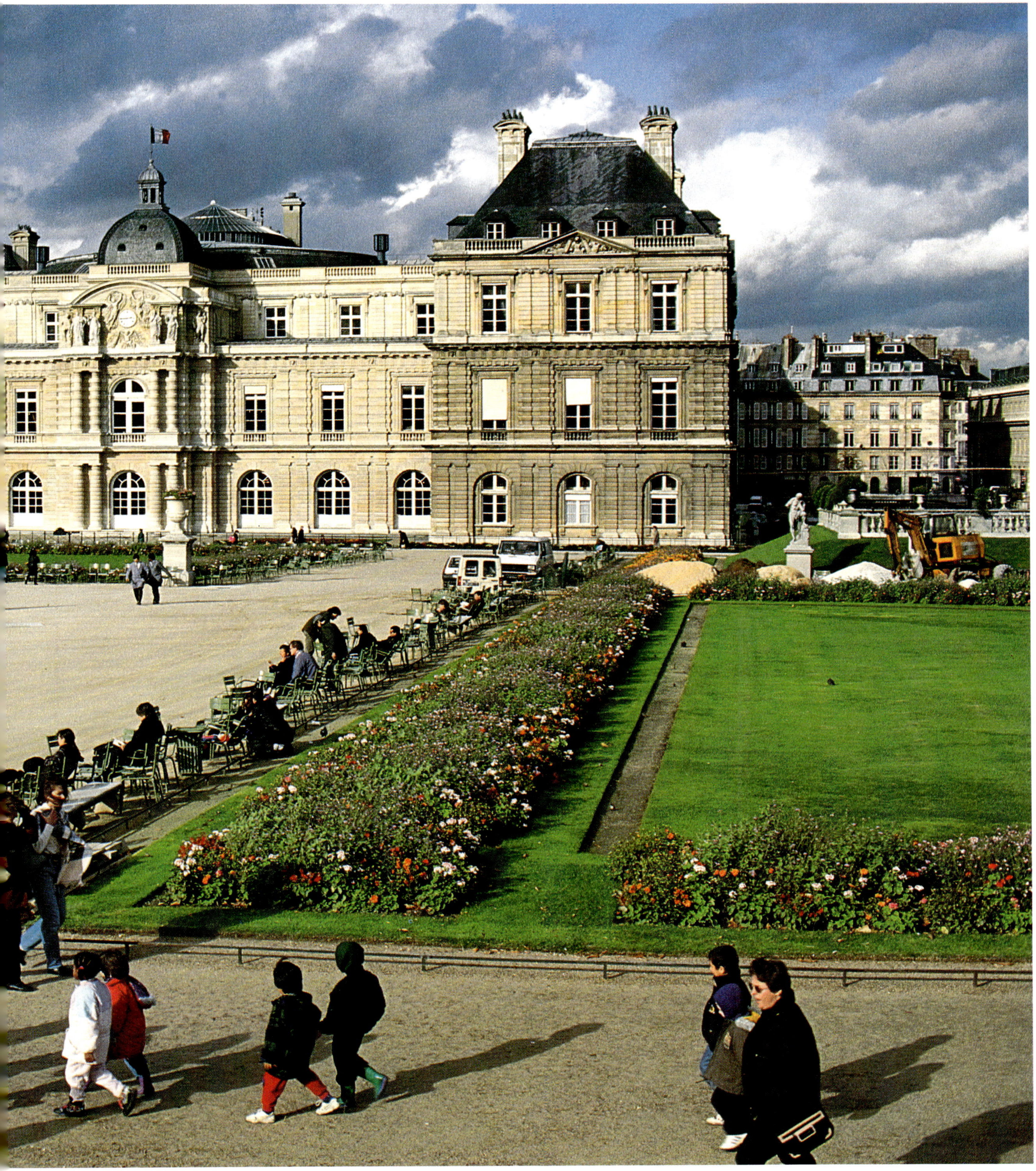

Bizarre Kontraste postmoderner Architektur: Die Arènes de Picasso in Marne-la-Vallée, einer der sogenannten Villes Nouvelles, der modernen Trabantenstädte, die seit 1965 rings um die unaufhörlich wachsende Metropole Paris entstanden sind.

Die Skulpturenallee der Zentralhalle im Musée d'Orsay von Paris. Der ehemalige Bahnhof, eine zur Weltausstellung 1900 errichtete Glas- und Gußeisenkonstruktion, bietet ein fast zeitgenössisches Ambiente für die Kunst des 19. Jahrhunderts.

Einst Festung, Arsenal und Gefängnis, später, nach dem Umbau zum Renaissancepalast, königliche Residenz, seit 1793 Museum: Der gewaltige Baukomplex des Louvre beherbergt heute eine der berühmtesten Kunstsammlungen der Welt (siehe auch Seite 149).

Vom Centre Beaubourg hat man abends einen schönen Blick auf den Montmartre mit der beleuchteten Silhouette von Sacré-Cœur.

Futuristische Architektur des Stadtteils La Défense im Westen von Paris. Als «Triumphbogen der Menschheit» bezeichnete der dänische Architekt Johan Otto von Spreckelsen sein spektakulär gestaltetes, im Jahr 1989 eingeweihtes Bürogebäude La Grande Arche.

Das Centre Beaubourg (Centre national d'Art et de Culture Georges Pompidou). Seine funktional-futuristische Gestaltung ruft nach wie vor zwiespältige Reaktionen hervor, doch seine große Attraktivität als Kulturzentrum ist mittlerweile unumstritten. Heute ist es das meistbesuchte Gebäude von Paris.

Das vergoldete Eingangstor zum Palast des Sonnenkönigs in Versailles. Über den Vorhof mit den Gebäuden für die Minister gelangt man zum Schloß. Die glanzvolle Residenz Ludwigs XIV. zählt zu den großen Bau- und Kulturdenkmälern Europas; der Gesamtkomplex ist heute Nationalmuseum.

Ein Besuch des Schlosses Chenonceaux gehört zu den Höhepunkten einer Reise durch das Loire-Tal. Die ungewöhnliche, zweistöckige Brückengalerie wurde von Katharina de Medici erbaut; hier fanden prunkvolle Feste und Empfänge statt. Chenonceaux gilt als eines der originellsten Bauwerke der französischen Renaissance.

Schloß Fontainebleau südöstlich von Paris, die Hauptresidenz der französischen Könige bis zu Ludwig XIV., der dem luxuriösen Versailles den Vorzug gab und sich in Fontainebleau nur während der Jagdsaison aufhielt. Das Renaissanceschloß war später der Lieblingsaufenthaltsort Napoleons, der hier auch seine Abdankung erklärte (siehe Seite 24).

Nächste Doppelseite: Schloß Chambord, die glanzvolle Jagdresidenz Franz' I., ist das größte und extravaganteste aller Loire-Schlösser.

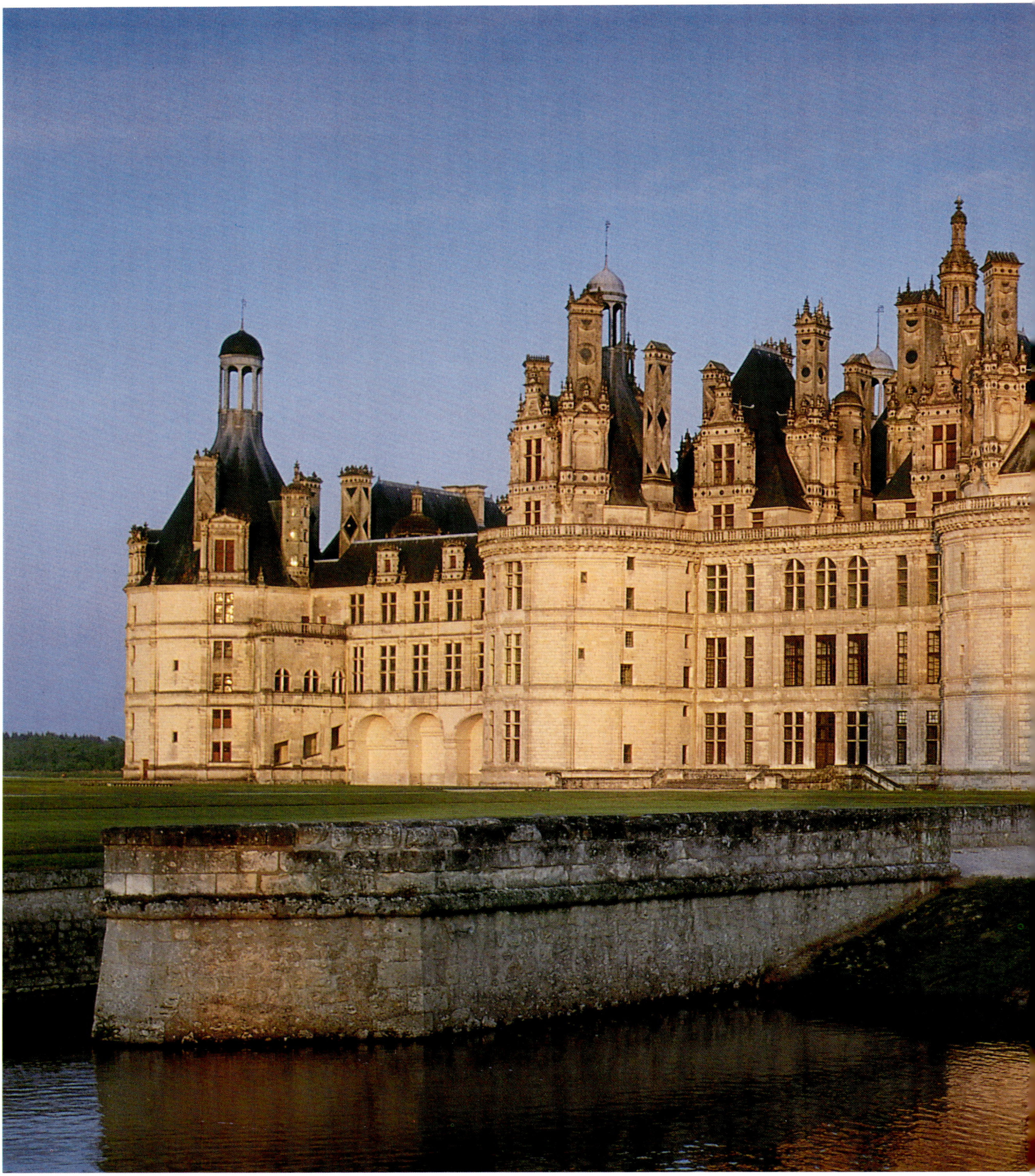

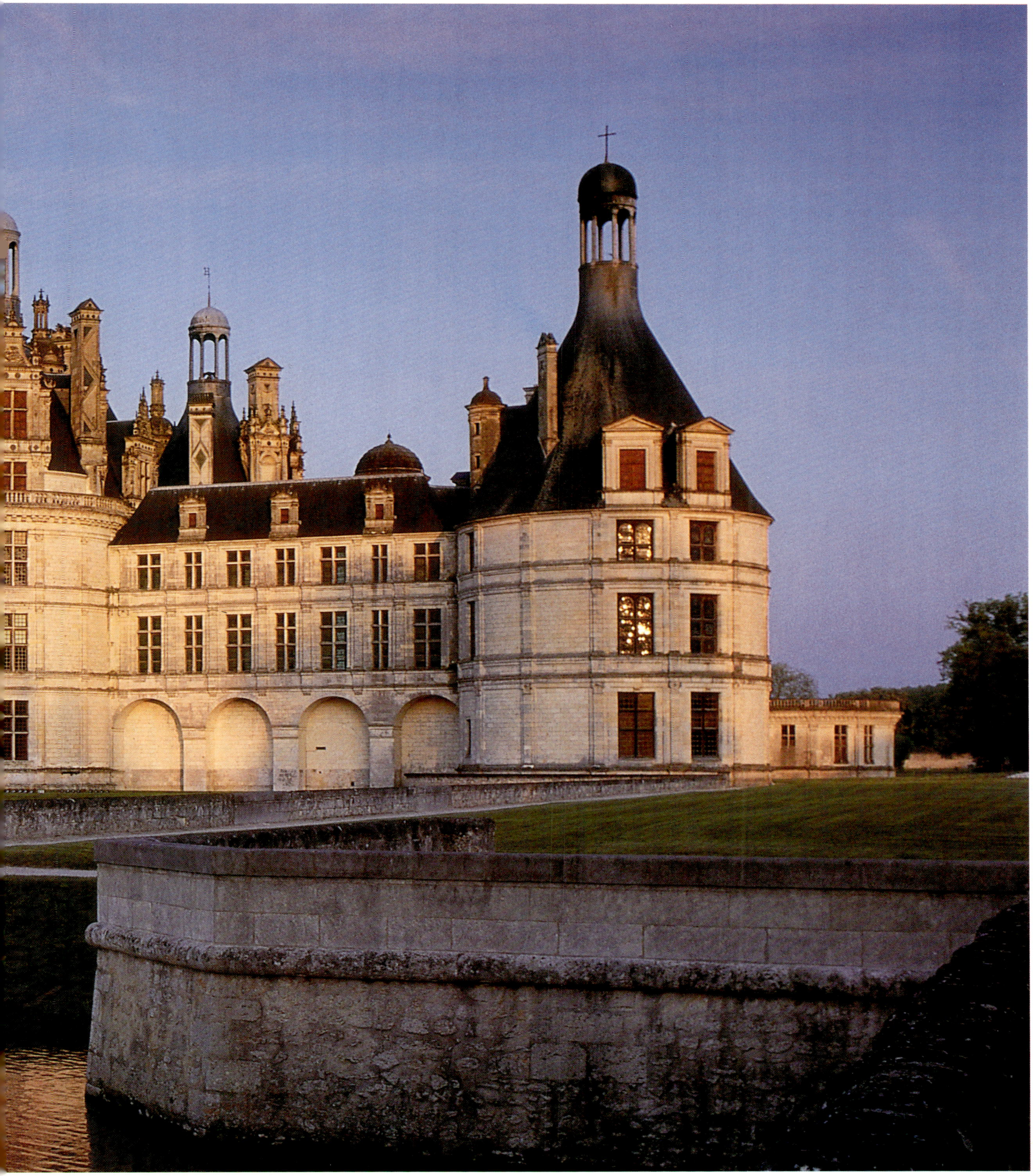

Die raffiniert gestaltete Renaissance-Gartenanlage des Schlosses Villandry an der Loire symbolisiert mit ihren ornamentalen Heckenfiguren die Charaktere der Liebe: So stehen etwa Herzen und Flammen für die zärtliche Liebe, Schwert- und Dolchformen für die Verzweiflung der «amour tragique».

Reiseführer durch Frankreich

Constanze Kirmse

Inhalt

Allgemeine Informationen 83	Routenkarte 89
Frankreich – das unverwechselbare Hexagon 83	Route 1: Eine Rundfahrt durch die Provence 88
Klima · Frankreich und seine Menschen 83	*Parfum – ein Hauch des französischen Himmels* . 90
Politische Strukturen 84	Route 2: Am Fuß der Pyrenäen 92
Parlez-vous français? 84	Route 3: Ausflug in die Prähistorie – der Périgord . . 107
Landwirtschaft und Industrie 85	Route 4: Entlang der bretonischen Küste 108
Unterwegs in Frankreich 85	Route 5: Das Loire-Tal und seine Schlösser 109
Reisen nach und in Frankreich 85	Route 6: Eine Tour durch das südliche Burgund . . . 110
Daten zur französischen Geschichte 86	*À votre santé: Frankreichs Weine* 111
Wo übernachtet man? · Essen und Trinken 87	Sehenswerte Orte und Landschaften von A bis Z . 112
Souvenirs · Feste und Veranstaltungen 87	*Frankreich im Licht: Die Impressionisten* 133
Reiserouten durch Frankreich 88	*Perestroika im Louvre* 149
	Stadtplan von Paris 151
	Karte von Frankreich 155

Allgemeine Informationen

Frankreich – das unverwechselbare Hexagon. Frankreich hat annähernd die Form eines Sechsecks, wovon fünf Seiten natürliche Grenzen bilden: Rhein und Alpen, Mittelmeer, Pyrenäen, Atlantik, Ärmelkanal. Im Nordosten grenzt es an Belgien und Luxemburg. Dank der langen Küstenlinien (3100 Kilometer) haben Seefahrt und Fischerei immer eine wichtige Rolle gespielt. In der kompakten und geschlossenen Form des Landes sind die sehr verschiedenen Kulturen Nordeuropas und des Mittelmeerraumes miteinander verflochten. Norden und Westen des Landes sind flach oder leicht hügelig; Heideland, Wiesen, Wälder, fruchtbares Ackerland bestimmen das Bild. Bergig sind der Süden und der Osten: Die Grenze zu Spanien verläuft durch die Pyrenäen, die auf französischer Seite über 2800 Meter hoch sind. Das Mittelgebirge Massif Central ist eine Vulkanlandschaft mit erloschenen Kegeln. Östliche Begrenzung des Landes sind die Mittelgebirge Vogesen und Jura sowie die Hochgebirgsregion der Alpen. Während die höheren Gebirgslagen alpine Vegetation aufweisen, gedeihen am Mittelmeer Olivenhaine, Pinienwälder, Palmen und Südfrüchte. Das Rhônedelta ist von Flußarmen und Sümpfen durchzogen, an der Côte d'Azur hingegen steigen die Alpen steil aus dem Meer empor. Der Montblanc ist mit 4807 Metern der höchste Berg Frankreichs und zugleich Europas. Die längsten Flüsse sind die Rhône, die Garonne, die Loire, die Seine. Der Bau von Kanälen begann mit den Römern und wurde besonders im 18. Jahrhundert forciert. Heute existieren 13 000 Kilometer Kanäle, wovon 8000 Kilometer schiffbar sind; der bedeutendste ist der Canal du Midi zwischen Toulouse und dem Mittelmeer.

Klima. Frankreich gehört zur gemäßigten Klimazone, nur ganz im Süden können subtropische Verhältnisse vorkommen. Insgesamt herrscht im größten Teil des Landes ausgewogen atlantisches Klima. Der Wind weht meistens aus dem Westen. Die Temperaturschwankungen zwischen Sommer und Winter sind geringer als in der Mitte Europas. Im Gebirge gibt es freilich kalte Wintertage und Schnee, die durchschnittliche Jahrestemperatur liegt aber höher als in Deutschland. Der Golfstrom bewirkt, daß an der Kanalküste die Winter fast so milde sind wie am Mittelmeer. Die meisten Niederschläge fallen im Herbst und Winter, im Westen und Norden vorwiegend als Nieselregen. In den mittleren und östlichen Landesteilen regnet es manchmal tagelang, dafür gibt es hier auch oft Trockenperioden. Der Süden gehört zur mediterranen Klimazone: heiße, trockene Sommer, milde Winter. Es regnet vor allem im Herbst und im Frühling. Durchs Rhônetal fegen oft scharfe Winde wie der berühmte Mistral, ein trockener, kalter Fallwind von beträchtlicher Stärke, oder der warme, schirokko-ähnliche Südwind, der manchen Menschen körperliches Unbehagen bereitet.

Frankreich und seine Menschen. Von den rund 55 Millionen Franzosen sind ungefähr 8 Millionen über 64 Jahre alt. Das Durchschnittsalter steigt, während die Einwohnerzahl zurückgeht. Die Geburtenrate liegt bei 1,7 Prozent. Ein knappes Fünftel der französischen Bevölkerung lebt in der Region Paris. Andere dicht besiedelte Gegenden sind die Region Lyon, der Norden, das Elsaß und die Mittelmeerküste. Weite Teile des Landes sind eher dünn besiedelt, vor allem ländliche Gebiete wie die Champagne, das Limousin oder Gebirgsgegenden. Insgesamt ist die Bevölkerungsdichte Frankreichs niedriger als die seiner Nachbarländer: Auf einem Quadratkilometer leben durchschnittlich 100 Menschen. Die unterschiedliche Entwicklung der Kulturen des Nordens und des Südens begann vor etwa 2000 Jahren: Die keltische Urbevölkerung vermischte sich im Norden mit den Franken, Goten und Normannen, im Süden mit den Römern. In den Randregionen haben sich besondere Kulturen erhalten: Die östlichen Pyrenäen bewohnen die Katalanen. In den westlichen Pyrenäen leben die Basken; ihr Ursprung ist ungesichert, manche Forscher lokalisieren ihn in den georgischen Karpaten. Die Bretonen im Nordwesten Frankreichs sind den Bewohnern der nördlichen Kanalküste verwandt.

Seit dem Zeitalter des Kolonialismus kamen sehr viele Menschen aus den überseeischen französischen Besitzungen sowie aus Afrika und Indochina nach Frankreich, vor allem nach Marseille und Paris.

Politische Strukturen. Frankreich ist ein Zentralstaat mit starker Ausrichtung auf Paris. Seit 1958 gilt die Verfassung der Fünften Republik. Staatsoberhaupt ist der Präsident (Président de la République), der direkt vom Volk und mit absoluter Mehrheit auf sieben Jahre gewählt wird. Er ernennt den Premierminister und auf dessen Vorschlag die Mitglieder des Kabinetts. Das Parlament besteht aus zwei Kammern, der Nationalversammlung und dem Senat. Seit der Französischen Revolution ist das Land aufgeteilt in 95 Départements, die in 22 Regionen zusammengefaßt sind. Die Départements werden verwaltet von den Präfekturen, die mehrere Arrondissements unter sich haben. Korsika besitzt Teil-Autonomie. Noch ist der «Code Napoléon» (siehe auch Seite 24) gültig, es gibt jedoch Bestrebungen, das Gesetzbuch in wesentlichen Punkten den veränderten Gegebenheiten anzupassen. Frankreich gehörte seit der ersten Stunde zur EWG und ist Mitglied der Europäischen Union.

Parlez-vous français? Französisch gilt als schöne, melodiöse Sprache. Es hat sich aus einer späten Form des Latein, dem Vulgärlatein, entwickelt. Vor allem im Norden unterlag es dem starken Einfluß des Germanischen. So unterscheidet man heute noch die Sprache des Nordens, die «Langue d'oil», und die des Südens, die «Langue d'oc»; «oil» und «oc» sind verschiedene Formen des Wortes für «ja» (siehe auch Seite 12). Doch Unterschiede sind nur noch in Mundarten hörbar. Abgesehen von zahlreichen, mehr oder weniger starken Dialekten wie zum Beispiel dem Französisch des Midi, haben sich in den Randgebieten einige Sprachinseln erhalten: In den östlichen Pyrenäen lebt das dem Spanischen verwandte Katalanisch fort, in den westlichen Pyrenäen wird Baskisch gesprochen, das keine romanische, aber auch keine indoeuropäische Sprache ist. Das Bretonische, das man in der Bretagne noch hören kann und das sich in zahlreichen Ortsnamen widerspiegelt, geht zurück aufs Keltische. Im Nordosten Frankreichs sprechen noch viele Menschen Flämisch, im Elsaß Deutsch, aber unter den Jüngeren setzt sich das Französische durch. Heute unterliegt die französische Sprache mehr und mehr dem Einfluß des omnipräsenten Englisch. Dem Kampf gegen zu starke Anglifizierung, gegen das «Franglais», hat sich Frankreichs Kulturpolitik jüngst verschrieben.

Landwirtschaft, Industrie und Gewerbe in historischen Aufnahmen.

Links: Weberin in Uzerche (Département de la Corrèze; Foto von 1916).

Oben: Die Renault-Werke wurden 1898 von Louis Renault in Boulogne-Billancourt bei Paris gegründet. Hier ein Blick in die Montagehalle (Foto von 1906).

Rechts: Bäuerinnen vor ihrem Haus in Les Mées, Provence (Foto von 1916).

Landwirtschaft und Industrie. Knapp 60 Prozent der Fläche Frankreichs werden landwirtschaftlich genutzt, damit zählt Frankreich zu den größten Agrarländern Europas. Bedeutende Wirtschaftszweige hierbei sind Getreideanbau, Viehzucht, Weinbau, Fischfang; 14 Millionen Hektar Wald bedecken 22 Prozent des Staatsterritoriums, davon sind zwei Drittel Laubwald. Zu den wichtigsten Produktionszweigen der französischen Industrie zählen Maschinen- und Flugzeugbau, Automobilherstellung, Rüstungsindustrie, Eisen- und Stahlproduktion, Chemie. Trotz gegenteiliger Bemühungen konzentriert sich die Industrie auf die Region um Paris. Bei Marseille und Bordeaux wird Erdöl raffiniert. Jüngere nationale Prestigeprojekte sind der Hochgeschwindigkeitszug TGV und der Eurotunnel, der eine unterirdische Verbindung zu Großbritannien schafft. Große Seehäfen sind Bordeaux, Dunkerque, Le Havre, Marseille, Nantes, Rouen.

Unterwegs in Frankreich

Frankreich ist das beliebteste Reiseland der Franzosen selbst – das spricht für sich. Es ist ein großes und großartiges Reiseland mit Meeresküsten und Hochgebirgen, sanften Hügellandschaften und Flußtälern, mit ländlichen Gegenden und Großstädten, kulturellen Sehenswürdigkeiten aus allen Zeiten der Menschheitsgeschichte – von prähistorischen Höhlenmalereien über römische Bauwerke, mittelalterliche Burgen und Kirchen, Schlösser aus Renaissance und Barock bis hin zu hochmoderner Architektur. Besonders beliebte Reiseziele sind – abgesehen von Paris – Südfrankreich und die Mittelmeerküste, die Kanalküste mit Bretagne und Normandie, das Tal der Loire und das Elsaß. Im August sind in Frankreich Ferien, daher empfiehlt es sich, in diesem Monat die bei den Franzosen populären Ferienorte zu meiden. Angenehme Reisezeiten in allen Regionen sind Früh- und Spätsommer.

Reisen nach und in Frankreich. Paris, Bordeaux, Lyon, Toulouse besitzen große Flughäfen, Zubringerdienste sind organisiert. Frankreich weist ein dichtes Eisenbahnnetz auf mit zahlreichen Städteverbindungen im Stundentakt. Der Hochgeschwindigkeitszug TGV verkürzt die Reisezeit von Paris in die Großstädte auf wenige Stunden (Reservierungen notwendig). Diverse Verbilligungen und Sondertickets werden angeboten. Dem Autoreisenden steht ein Netz erstklassig ausgebauter Straßen zur Verfügung. Meist kann er zwischen raschen Überlandverbindungen und beschaulichen Landstraßen wählen. Die Autobahnen sind gebührenpflichtig, daher auf vielen Abschnitten nicht sehr stark befahren, und garantieren so ein schnelles Vorwärtskommen. Die (numerierten) Landstraßen teilen sich in die großen *Routes Nationales* (N) und die *Routes Départementales* (D). Die Ausschilderungen sind gut. In den meisten Städten gibt es mindestens eine Autovermietung, oft mit speziellen Angeboten. Der Tourismus per Rad wird immer populärer im Land der Radrennfahrer. An über 280 Bahnhöfen kann man Räder leihen, doch Radwege gibt es leider noch nicht sehr viele. Wanderfreunde kommen in Frankreich bestens auf ihre Kosten: Es gibt rund 40 000 Kilometer markierter Wanderwege. Wer

DATEN ZUR FRANZÖSISCHEN GESCHICHTE

843 Der Vertrag von Verdun teilt das Reich Karls des Großen in ein Ost-, Mittel- und Westreich und legt damit gleichzeitig einen Grundstein zum Nationalstaat Frankreich.

987 Wahl Hugo Capets zum König der Franken, Paris wird Hauptstadt. Mit den Nebenlinien Valois und Bourbon herrschen die Kapetinger bis 1848 (Unterbrechung 1792–1814).

1066 Wilhelm der Eroberer, Herzog der Normandie, siegt bei Hastings und wird König von England. In der Folge kommt es zu Ansprüchen der englischen Krone in Frankreich.

12./13. Jahrhundert Mit den Klosterreformen von Cluny und Cîteaux und der Scholastik (1253: Gründung der Sorbonne) übernimmt Frankreich die geistige Führung in Europa.

1328 Die Krone fällt an das Haus Valois; im Hundertjährigen Krieg (1338–1453) erobern zeitweise englische Truppen fast ganz Frankreich.

1431 Jeanne d'Arc, die «Retterin Frankreichs» und Symbolgestalt des französischen Nationalbewußtseins (1920 heiliggesprochen), wird auf dem Scheiterhaufen verbrannt.

1438 Mit der «Pragmatischen Sanktion» von Bourges begrenzt König Karl VII. die päpstliche Macht und begründet die relativ autonome französische Staatskirche («gallikanische Kirche»).

1481 Die Provence, zuvor dem Königreich Burgund, zeitweise dem Deutschen Reich und zuletzt dem Haus Anjou zugehörig, fällt an Frankreichs Krone. Stärkung des Zentralstaats.

1525 König Franz I., Förderer des Humanismus und der Renaissance-Kunst, verliert die Schlacht von Pavia gegen Kaiser Karl V. Rückzug der französischen Politik aus Oberitalien.

1572 In der «Bartholomäusnacht» (24. 8.) eskaliert der Konflikt zwischen

«Wie der berühmte Fotograf Nadar die Fotografie zur Kunst erhebt» (Lithographie von Honoré Daumier, 1808–1879; 1862).

Louis Blériot gelang am 25. Juli 1909 der erste Flug über den Ärmelkanal.

Jacques Daguerre (1787–1851), einer der Erfinder der Fotografie (Holzstich, um 1860).

Katholiken und Calvinisten. Aus den Hugenottenkriegen geht das Königtum Heinrichs IV. gestärkt hervor.

1643–1715 Ludwig XIV. zentriert den absolutistischen Staat, den die Kardinalminister Richelieu und Mazarin geschaffen hatten, auf die eigene Person. Kriege erschöpfen das Land.

1748 Montesquieu entwickelt in seiner Schrift «De l'esprit des lois» eine Gewaltenteilungslehre, die in die Verfassungen aller moderner Demokratien eingegangen ist. Ära der Aufklärung.

1789 Die Französische Revolution schafft im Namen von Freiheit, Gleichheit und Brüderlichkeit die reformfähige Monarchie ab und verkündet die Bürger- und Menschenrechte.

1793 Hinrichtung Ludwigs XVI. durch die Guillotine.

1794 Sturz und Hinrichtung Robespierres. Ende der Schreckensherrschaft.

1799–1815 Seit seinem Staatsstreich vom 9. November Alleinherrscher, baut Napoleon eine neue Gesellschaftsordnung (*Code Civil*) auf und führt Kriege gegen die europäischen Mächte.

1821 Tod Napoleons im Exil auf Sankt Helena.

1848 Die Pariser Februarrevolution gegen den «Bürgerkönig» Louis-Philippe erzwingt das allgemeine und gleiche Wahlrecht und begründet die kurzlebige «Zweite Republik».

1852–1870 «Zweites Kaiserreich»: Napoleon III., Neffe Napoleon Bonapartes, erweitert den französischen Kolonialbesitz in Indochina und verliert den Französisch-Deutschen Krieg.

1870–1940 «Dritte Republik»: Nach der Niederlage bei Sedan 1870 Bündnispolitik mit England und dem Zarenreich. Frankreich ist in beiden Weltkriegen Kriegsschauplatz.

1944 Einzug General de Gaulles mit US-Truppen in Paris.

1946–1958 «Vierte Republik»: Auflösung des Kolonialreichs, Indochinakrieg und Algerienkrise. Robert Schuman nimmt Briands Politik der europäischen Einigung wieder auf.

seit 1958 «Fünfte Republik»: De Gaulles «Europa der Vaterländer» wird auch nach seinem Rücktritt 1969 im Sinne politischer Eigenständigkeit weiterhin verfolgt. Mai-Unruhen 1968.

1993 Frankreich hat teil an der Europäischen Union der offenen Grenzen.

Michael Neumann-Adrian

Coquelles bei Calais: Königin Elizabeth II. und François Mitterrand eröffneten gemeinsam am 6. Mai 1994 den Eurotunnel.

das Land lieber vom Wasser aus kennenlernen will, kann sich ein Boot oder Hausboot mieten und damit über die zahlreichen Kanäle schippern. Besonders beliebt und für den Tourismus erschlossen ist der Canal du Midi.

Wo übernachtet man? Die Hotellerie bietet etwas für jeden Geschmack und jeden Geldbeutel. Es gibt Hotels in allen Kategorien (ein bis fünf Sterne), vom schlichten Landgasthof bis zum Luxushotel. Schloßbesitzer öffnen ihr Haus für Übernachtungsgäste, es gibt Ferien auf dem Bauernhof, in kleineren Städten werden Privatzimmer angeboten. Zahlreiche Hotels haben sich zusammengeschlossen zu Hotelvereinigungen, die jeweils einen bestimmten Standard garantieren. Immer mehr breiten sich auch Hotelketten aus mit Häusern in mittleren bis größeren Städten. In vielbesuchten Feriengebieten häufen sich touristische Einrichtungen, in manchen Gegenden sind wahre Hotelburgen entstanden. Der Campingfreund wird sich in Frankreich besonders wohlfühlen: Die Franzosen selbst sind große Campingfans. Campingplätze aller Art sind übers ganze Land verstreut.

Essen und Trinken. Viele Reisende kommen nach Frankreich des Essens wegen – zurecht! Je nach Appetit und Geldbeutel kann man zwischen Restaurants aller Kategorien wählen. Sehr lohnenswert ist es, die regionale Küche zu probieren. Ein Essen besteht aus mehreren Gängen. Die meisten Restaurants offerieren – meist preisgünstigere – Tagesmenus, in Feriengebieten besonders preiswerte Touristenmenus. Die Hauptmahlzeit ist das warme Abendessen. Vor dem Essen nimmt man gern einen Apéritif, zum Beispiel einen Pastis (Anisgeschmack) oder einen Kir (Weißwein mit einem kräftigen Schuß Johannisbeerlikör). Zum Essen trinkt man häufig Wein und Wasser, beides kann man meist offen in der Karaffe bestellen. Bier wird vor allem im Elsaß getrunken. Im Norden ist der Cidre verbreitet, ein leicht schäumender Apfelwein. Von einem mageren Hotelfrühstück sollte man sich nicht enttäuschen lassen, denn ein kräftiges Frühstück ist in Frankreich nicht üblich. Abwechslung bietet ein Picknick (*pique-nique* oder *casse-croûte*), eine Vorliebe der Franzosen am Wochenende oder in den Ferien, für das man sich auf dem Markt oder auch beim *traiteur* eindecken kann, der kleine Feinschmeckereien im Sortiment führt (siehe auch Seite 42).

Souvenirs. Typische Mitbringsel sind Handwerksarbeiten aus den verschiedenen Regionen. In vielen Gegenden findet man Töpferwaren und Korbflechtereien. Spitzen aus der Bretagne und Klöppelarbeiten aus der Gegend um Le Puy sind ebenso begehrt wie südfranzösische Schnitzereien aus Olivenholz und buntbedruckte Stoffe von provenzalischen Märkten. Der Duft der Provence läßt sich als Konzentrat mit nach Hause nehmen in Form von Essenzen oder den *Herbes de Provence*, einer Kräutermischung für Salate und Saucen. Viele regionale Spezialitäten werden konserviert und hübsch verpackt angeboten, so etwa Fleischpasteten oder eingelegte Früchte. Wein probiert und kauft man am besten in der Winzergenossenschaft oder direkt beim Erzeuger. Solche Weinproben (*dégustation*) gehören zu den besonderen Erlebnissen einer Frankreichreise und sind für alle, die einen guten Tropfen schätzen, ein absolutes Muß (siehe auch Seite 111).

Feste und Veranstaltungen. Nationalfeiertag ist der 14. Juli, der Jahrestag des Sturms auf die Bastille. An dem Tag erscheint das ganze Land in den Farben blau-weiß-rot. Die meisten Musik- und Theaterfestivals finden im Sommer statt, oft unter freiem Himmel: im Juli das *Festival d'Avignon* im Innenhof des Papstpalastes und anderen stimmungsträchtigen Höfen und Kreuzgängen; auch im Juli das *Festival International d'Art Lyrique et de Musique* in Aix-en-Provence, ein hochkarätig besetztes Opernfestival; im Juni und Juli die *Fêtes musicales en Touraine* in der über 750 Jahre alten Scheune von Meslay, bekannt als «La Grange», unweit von Tours. In vielen Orten der Weingebiete gibt es zur Zeit der Lese Weinfeste. In der Bretagne werden in zahlreichen Gemeinden die Feste der «Pardons» (Wallfahrten) abgehalten. In La Rochelle finden im Juli internationale Segelregatten statt. Fast jeder Ort hat irgendwann im Jahr seine *Fête*: Zur Sommerzeit kann der Reisende, besonders an Sonn- und Feiertagen, mit Sicherheit die eine oder andere miterleben.

Mit der Concorde besitzt die französische Luftfahrtgesellschaft Air France Hochtechnologie der Superlative. Dieses moderne Überschallflugzeug fliegt im Linienverkehr auf der Route Paris – New York und mit Sonderarrangements zu weiteren Zielen rund um den Globus.

Der TGV (train à grande vitesse) ist derzeit der schnellste fahrplanmäßig verkehrende Zug der Welt. Inzwischen verbindet er bereits viele der großen französischen Städte miteinander.

Reiserouten durch Frankreich

Die wichtigsten Sehenswürdigkeiten von Paris werden im betreffenden Abschnitt unter «Sehenswerte Orte und Landschaften von A bis Z» beschrieben; auf einen Stadtrundgang wurde daher hier verzichtet. – Zu allen in den Routen genannten Orten mit Seitenverweis sind ausführlichere Informationen unter «Sehenswerte Orte und Landschaften von A bis Z» zu finden. – Ziffern im Kreis geben die Nummer der Route auf der Karte Seite 89 an.

Route ①: Eine Rundfahrt durch die Provence

Orange – Vaison-la-Romaine – Bédouin – Carpentras – Avignon – Saint-Rémy – Les Baux – Les Saintes-Maries-de-la-Mer – Aigues-Mortes – Nîmes (390 Kilometer)

Spuren der Besiedlung durch die Römer und die Zeugnisse ihrer Kultur sind ein Leitfaden der Route durch die Provence, Natur und Landschaft ein anderer. Von Orange (siehe Seite 147) geht es nach Vaison-la-Romaine, dem römischen Vasio, mit den Ausgrabungsgeländen La Villasse und Puymin. Über die Ouvèze führt eine römische Brücke. Die romanische Kirche Notre-Dame-de-Nazareth ist wahrscheinlich auf den Fundamenten eines antiken Tempels errichtet. Das kalkige Massiv des bizarren Mont Ventoux erhebt sich mit seinen 1909 Metern Höhe weiß und brüsk aus dem Umland. Am Fuß des heftig umwehten «Windberges» blüht und duftet eine mediterrane Flora, auf dem kahlen Rücken hingegen wachsen Pflanzen, die im Norden Europas, bis in arktische Gebiete, anzutreffen sind. Vom Gipfel bietet sich ein atemberaubender Blick über die ganze Provence bis zum Mittelmeer. Petrarca soll der erste gewesen sein, der im Jahr 1336 den merkwürdigen Berg bestieg und sich von seiner kargen, eigenwilligen Schönheit bezaubern ließ. Südlich des Berges lohnt in Bédouin ein kurzer Halt an der Stiftskirche (11. Jahrhundert, mit dreiapsidialer Choranlage) und in Carpentras an der gotischen Stiftskirche, einem für die Provence seltenen Bau. In Avignon residierten von 1309 bis 1376 die Päpste. Machtvolles Zeugnis ist der trutzige Papstpalast mit Räumen von stolzen Proportionen und monumentalen Ausmaßen, darunter die reizvolle Chambre du Cerf (Hirschzimmer), deren Wände mit Jagdszenen bemalt sind. Die vielbesungene Brücke von Avignon, der Pont Saint-Bénézet, endet mitten im Fluß. Eine mächtige Befestigungsmauer umschließt den alten Stadtkern. Im Herzen der Provence erinnert das Städtchen Saint-Rémy an die Zeit der römischen Besiedlung. Das erst im 20. Jahrhundert ergrabene römische Glanum gilt als das Pompeji der Provence. In der späten Antike wurde es zerstört, und erst im Mittelalter entstand Saint-Rémy. In einer kleinen Gasse steht das verfallende Geburtshaus des Astrologen Nostradamus. Das ehemalige Kloster Saint-Paul-de-Mausole am Ortsrand beherbergt seit dem 19. Jahrhundert eine Anstalt für psychisch Kranke, wo Vincent van Gogh die letzten Jahre seines Lebens verbrachte und viele seiner heute berühmten Bilder malte. Die Kette der Alpilles (kleine Alpen) wirkt durch ihre karstigen Felsformationen hochalpiner, als sie es tatsächlich ist. In 210 Metern Höhe liegt die Ruinenstadt Les Baux (*Li Baus* heißt auf provenzalisch Felsen), die im 12. und 13. Jahrhundert ein politischer und kultureller Mittelpunkt der Provence war. 1632 wurde die Stadt, ein

Sehenswürdigkeiten auf der ersten Route.

Oben: Das Palais Vieux, der mächtige gotische Papstpalast in Avignon, der im 14. Jahrhundert fünf Päpsten als Residenz diente.

Mitte: Der Triumphbogen in Orange, einst «das Tor zum Süden» für alle römischen Legionäre, die von Lyon kommend diese kleine Stadt der Provence erreichten. Das reliefverzierte Bauwerk gilt als schönstes Beispiel seiner Art in Frankreich.

Unten: Der Kreuzgang der Klosterruine Montmajour bei Arles wird von einem mächtigen Wehrturm (donjon) überragt. Als der Papst im frühen Mittelalter den Mönchen von Montmajour eine Kreuzesreliquie schenkte, entwickelte sich der Ort zu einer bedeutenden Wallfahrtsstätte.

Zufluchtsort der Protestanten, unter Ludwig XIII. zerstört. Die «Mühle des Alphonse Daudet», die keineswegs die seine war und wo er mitnichten sein Buch «Lettres de mon Moulin» schrieb, ist ein malerischer Akzent in der provenzalischen Landschaft. Südlich von Arles (siehe Seite 113) liegt das exotisch wirkende, flache Sumpfgebiet der Camargue flimmernd in gleißendem Licht. Leuchtend grüne Reisfelder glitzern in der Sonne. Schwarze Stiere weiden an den Ufern der Brackwasserteiche und kontrapunktieren das zarte Rosa der Flamingos und das Weiß der kleinwüchsigen Camargue-Pferde, direkte Nachfahren einer prähistorischen Rasse. Das Mündungsdelta der Rhône rings um den Étang de Vaccarès schiebt sich immer weiter ins Meer, alljährlich schwemmen die Flußarme mehrere Millionen Kubikmeter Schlamm und

PARFUM – EIN HAUCH DES FRANZÖSISCHEN HIMMELS

«Dans la nuit», Flacon von René Lalique für den Parfumeur Worth (um 1920).

Oben: Eau de Toilette aus Grasse. – Unten: Art-Deco-Flacon aus den zwanziger Jahren.

«Tal der Liebe» nannte der provenzalische Dichter Frédéric Mistral (1830–1914) die Gegend um Grasse. Wer durch die Straßen der Stadt flaniert, fühlt sich umweht von Düften, die aus den Parfümerien strömen. Grasse ist die traditionsreiche Metropole der Blütenessenzen: Seit dem Mittelalter wurden hier Lederwaren hergestellt, auch feine Lederhandschuhe, die in der Renaissance große Mode wurden. Nach langer Zeit des Tragens jedoch fing selbst das zarteste Leder zusammen mit dem Schweiß der Hände an zu riechen, so daß man die Handschuhe zu parfümieren begann!

Das Städtchen im Hinterland der Côte d'Azur, in geschützter Lage am Südrand der Alpen und dennoch nicht zu heiß, schien prädestiniert: Hier blühen Lavendel und Jasmin, Rosen und Mimosen – heute allerdings weitgehend ganz prosaisch in Gewächshäusern und unter Plastikfolien. Für ein Kilogramm Essenz, das für die Herstellung von 3000 Litern hochkonzentrierten Parfums ausreicht, benötigt man Tausende von Blüten, die jeweils zu bestimmten Zeiten ihr Aroma besonders stark entwickeln und dann gepflückt werden. Einst gewann man die Essenzen durch Destillation der Blütendüfte, heute werden die Düfte weitgehend mit flüssigen Lösungsmitteln extrahiert. Ein Parfum wird aus verschiedenen Duftstoffen komponiert. Neben Blüten mischt man den Duft von Hölzern (etwa Sandelholz), Zitrusfrüchten (Bergamotte, Orange), Gewürzkörnern – und viele synthetische Substanzen, die Ambra und Moschus, aber auch zahlreiche Blumen ersetzen. Ein Parfum ist ein Kunstwerk: Jahrelang hat ein guter Parfumeur seinen Geruchssinn geschult – man nennt ihn auch «die Nase». Hunderte von Ingredienzien bilden die «Duftorgel» des Parfumeurs, aus der er in unzähligen Versuchen seinen neuen Duft komponiert. Viele der heutigen großen Parfumdynastien wurden vor Generationen in der Glanzzeit des eleganten Lebensstils in Paris begründet: im Kaiserreich unter Napoleon III. Einer der ersten bedeutenden Parfum-Hersteller war Monsieur Pierre François Pascal Guerlain. Er belieferte die schöne rothaarige Kaiserin Eugénie. Die Dynastie hat sich bis heute erhalten, «Jicky» von Guerlain ist das älteste Parfum, das in seiner ursprünglichen Form erhältlich ist – eine Komposition aus dem Jahr 1889! Der älteste Blumenduft auf dem Markt ist «L'Air du Temps» von Nina Ricci, es wurde 1948 kreiert. Den zarten Flacon mit zwei Tauben aus mattem Glas schuf Großmeister

René Lalique, der zuerst von dem Parfumeur François Coty den Auftrag erhielt, ein Fläschchen zu gestalten. Roger et Gallet, Worth und andere folgten, und inzwischen sind Laliques Flacons begehrte Sammlerstücke. Die kleinen Kostbarkeiten aus Kristall erzielen Höchstpreise. Auch heute tragen Düfte und ihre kunstvollen Gefäße die Namen großer Künstler wie Salvador Dali, Niki de Saint-Phalle, oder Sol Lewitt. Französische Duftnamen wie etwa «Cristalle», «Demi-Jour», «Trésor», «Chanel N°5» verbinden wir unwillkürlich mit Luxus und Lebensfreude, auch mit Individualität. Parfumeriewaren sind ein wesentlicher Exportartikel Frankreichs, und auch wenn mehr und mehr italienische, amerikanische oder deutsche Namen auf den internationalen Markt drängen – unumstrittene Hauptstadt der Parfumeure ist Paris, die Stadt, die in aller Welt ein Synonym ist für Eleganz und Mode, Charme und Lebenskunst.

Constanze Kirmse

Oben: Lavendelernte auf der Hochebene von Valensole im Westen der Haute-Provence.

Links und rechts unten: Die Blüten für die Parfümherstellung werden oft noch schonend von Hand gepflückt, später in Laboratorien destilliert und als reine Essenzen abgefüllt.

Rechts oben: Im kleinen Museum der Parfumerie Molinard in Grasse wird der Besucher in die Geheimnisse der Parfumherstellung eingeweiht.

Steine heran. Zigeuner aus ganz Europa pilgern jedes Jahr im Mai und im Oktober nach Les Saintes-Maries-de-la-Mer, ihrem Wallfahrtsort am Mittelmeer. In den Tagen spielt sich rings um die zinnenbekränzte Wehrkirche ein hinreißendes Spektakel ab mit musizierenden und tanzenden Zigeunergruppen, allen voran die Flamenco-Tänzer aus Spanien. Unweit von hier gründete Ludwig der Heilige im 13. Jahrhundert den befestigten Hafen Aigues-Mortes (Tote Wasser) als Startpunkt für den sechsten Kreuzzug. Heute ist das Meer hier versandet. Umgeben von einer sechs Meter dicken und bis zu zehn Meter hohen intakten Stadtmauer, liegt der Ort inmitten von Kanälen und Teichen. Die wuchtige Tour de Constance diente lange Zeit als Kerker. Auf dem Weg nach Nîmes sollte man sich einen Abstecher nach Saint-Gilles gestatten. Das dreibogige, figurengeschmückte Portal der ehemaligen Abteikirche gilt als ein Hauptwerk der romanischen Skulptur in der Provence. Nîmes (siehe Seite 147) war eine römische Stadt, die erste Siedlung hatten die Gallier gegründet. Vom hochentwickelten Wasserversorgungssystem der Römer zeugt der gigantische Aquädukt Pont-du-Gard, dessen technische Konstruktion und ästhetische Erscheinung auch dem heutigen Besucher imponieren.

Route ②: Am Fuß der Pyrenäen

Perpignan – Elne – Collioure – Saint-Genis-des-Fontaines – Céret – Prades – Casteil (227 Kilometer)

«Montagnes d'argent» – silberne Berge – nannte der Dichter Alfred de Vigny die Pyrenäen. Dieses Bild läßt sich nachempfinden beim Anblick des Massif du Canigou, das erhaben und lange Zeit des Jahres schneebedeckt die östlichen Pyrenäen und das Land zu ihren Füßen beherrscht. Bei gutem Wetter ist der olympgleiche Gipfel von der Küste aus zu sehen. Das Stadtbild von Perpignan wird beherrscht von der Zitadelle mit dem ehemaligen Palast der Könige von Mallorca, die Perpignan zu ihrer Hauptstadt erklärt hatten. Aus dem Jahr 1397 stammt das arkadengeschmückte Börsengebäude, ein kleines Juwel in der Altstadt. Südlich folgt Elne, dessen wehrhafte Kirche im 11./12. Jahrhundert erbaut wurde. Mit zinnenbekrönten Vierkanttürmen überragt sie das Städtchen. Ein sehr südliches, sehr weißes Licht durchströmt den Kreuzgang und erweckt die Figuren auf den Kapitellen zum Leben, Meisterwerke der romanischen Bildhauerkunst des Roussillon. Von der Terrasse um die Kirche schweift der Blick übers flache Land bis zum Mittelmeer. Henri Matisse, Georges Braque, André Derain, auch Picasso liebten diesen Landstrich. Sie verbrachten viele Sommer in Collioure, an einer kleinen Bucht zu Füßen der Pyrenäen gelegen. Die Küste, die Côte Vermeille, ist nach der rötlichen Erde der Berge benannt, die unmittelbar aus dem Meer emporsteigen.

Im Inland liegt Saint-Genis-des-Fontaines, dessen kleine Kirche um 800 entstand. Der Türsturz über dem Portal ist geschmückt mit einer Reihe kleiner stehender Figuren – eines der frühesten Beispiele romanischer Bildhauerkunst. Der Kreuzgang, bis vor kurzem Teil der umliegenden Wohnhäuser, wurde liebevoll restauriert und ist nun zugänglich. Über Le Boulou gelangt man nach Céret, einem Zentrum der katalanischen Kultur. Das Musée d'Art Moderne zeigt schöne Keramiken von Picasso sowie Werke von Matisse, Chagall und Dali. Über den Tech führt die Teufelsbrücke, Pont du Diable, eine weitgespannte Konstruktion aus dem 14. Jahrhundert. Von der Brücke genießt man einen herrlichen Blick auf den Pic du Canigou und auf die Albères. Gebirgig ist die Fahrt über den Col Llauro (Paßhöhe 380 Meter) nach Thuir. Ein kleiner Abstecher führt hinauf nach Castelnou, einem alten katalanischen Gebirgsdorf mit mächtiger Burg aus dem 10. Jahrhundert.

Das fruchtbare Tal des Têt auf der Nordseite des Bergkamms gleicht im Frühling einem rosa Meer von Pfirsichblüten. Prades wurde international berühmt durch sein Musikfestival, benannt nach dem großen Cellisten Pablo Casals. Würdevoller und beeindruckender Rahmen für die Konzerte ist die romanische Abtei Saint-Michel-de-Cuxa, eine Oase der Stille zu Füßen des Canigou. Im Kircheninnern verweisen hufeisenförmige Bögen auf maurische Einflüsse; der weitläufige Kreuzgang aus rosa Marmor konnte in Teilen wiederhergestellt werden. Unweit führt von Villefranche-de-Conflent ein schmales Tal hinauf nach Casteil. Von hier führt ein serpentinenreicher, doch bequemer Fußweg (etwa 45 Minuten) zum mittelalterlichen Bergkloster Saint-Martin-du-Canigou. Kühn wurde es in 1065 Metern Höhe auf felsigem Grund errichtet und in diesem Jahrhundert umfangreich restauriert. Die untere der zwei übereinanderliegenden Kirchen wird von niedrigen Pfeilern aus dem 11. Jahrhundert getragen. Vom kleinen Kreuzgang mit seinen archaisch anmutenden Kapitellen steigt der Blick noch weiter hinauf zu bewaldeten Höhen, in stille Hochgebirgsregionen. Das Tal des Têt ist ein reizvoller Rückweg nach Perpignan.

Eine der Sehenswürdigkeiten auf der zweiten Route: Die Kathedrale Saint-Jean in Perpignan. Im prächtigen Innenraum des Gotteshauses sind die marmornen Altaraufsätze aus der Renaissancezeit besonders sehenswert.

Fortsetzung Seite 107

Die Porte des Tours, eines der gut erhaltenen Stadttore von Domme. Dieser schwer zugängliche Ort hoch über der Dordogne war einst eine oftmals heftig umkämpfte Festung; heute ist er ein vielbesuchtes Reiseziel im Périgord.

Nächste Doppelseite: Am Ufer der Dordogne, vor einem steilen Felsen liegt in südlicher Landschaft La Roque-Gageac, preisgekrönt als das «schönste Dorf Frankreichs».

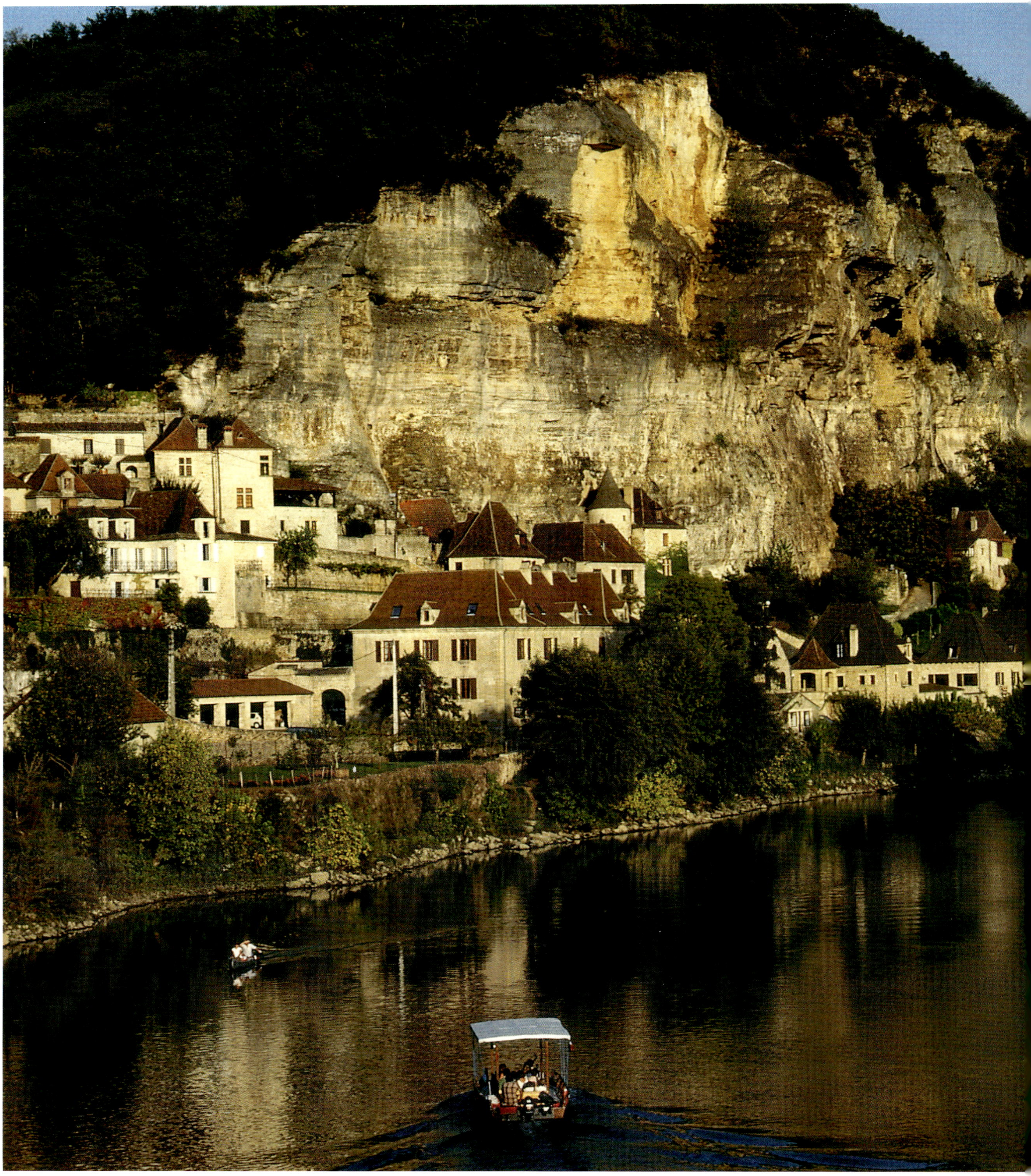

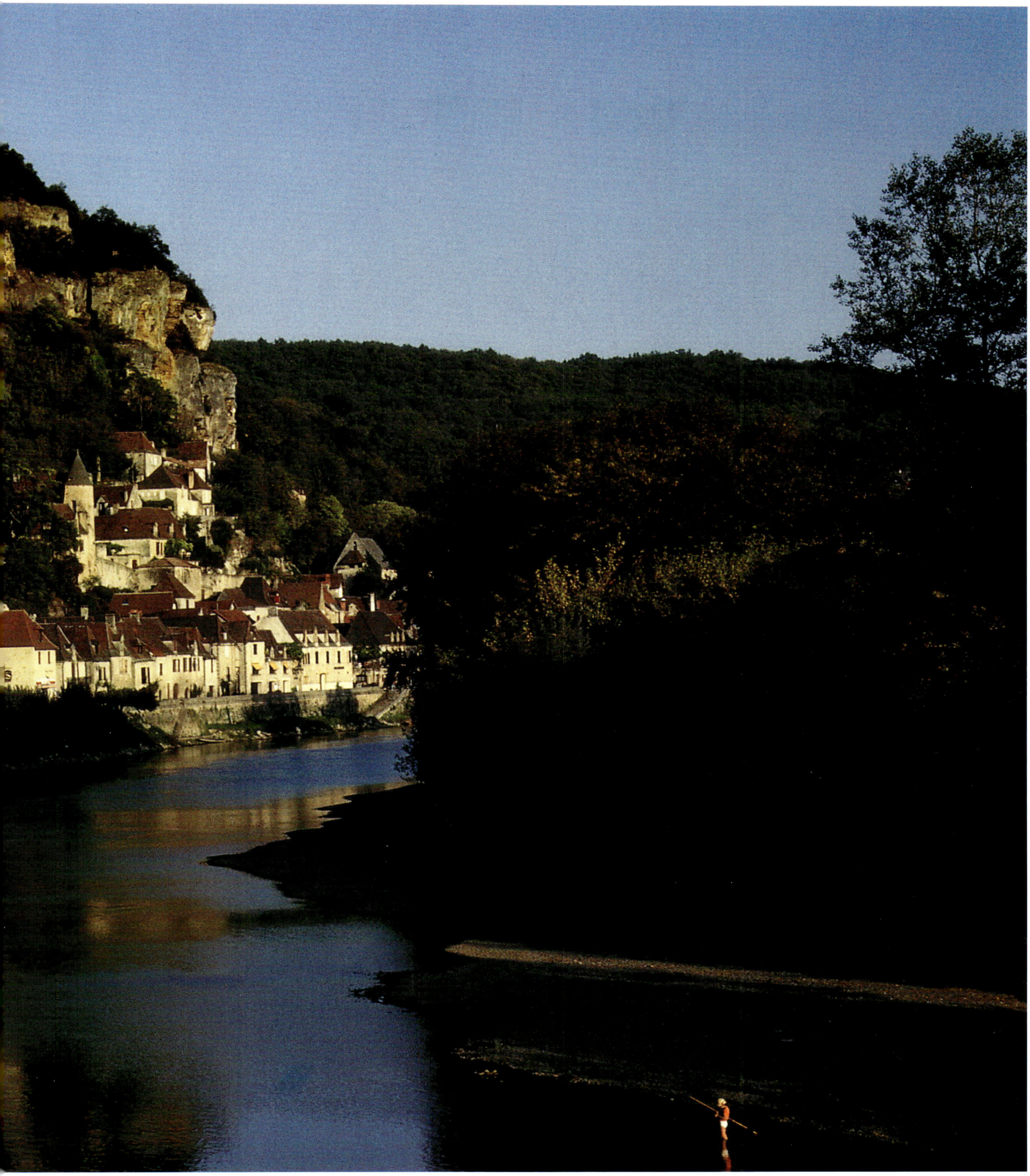

Abendstimmung am Leuchtturm von Capbreton, einem Atlantikhafen mit langer Geschichte. Im 14. Jahrhundert brachen von hier aus Seefahrer bis nach Neufundland auf.

Zum Dorf Talmont an der Atlantikküste, nicht weit vom Mündungstrichter der Gironde gehört die auf den Küstenfelsen errichtete festungsartige Anlage der kleinen romanischen Kirche Sainte-Radegonde.

Südlich des Badeorts Arcachon liegt diese in Europa einmalige Wüstenlandschaft. Über sieben Kilometer erstreckt sich die Dune de Pilat, die größte Wanderdüne des Kontinents, die gegen das Inland hin durch eine Kiefernpflanzung abgegrenzt ist.

Nächste Doppelseite: Die Grande Plage, der Hauptstrand von Biarritz mit dem Casino Municipal (rechts). Der mondäne Ruf dieses Seebades geht auf Kaiserin Eugénie zurück, die sich hier einen Palast bauen ließ; das Fischerdorf entwickelte sich damit bald zu einem Treffpunkt der europäischen Aristokratie.

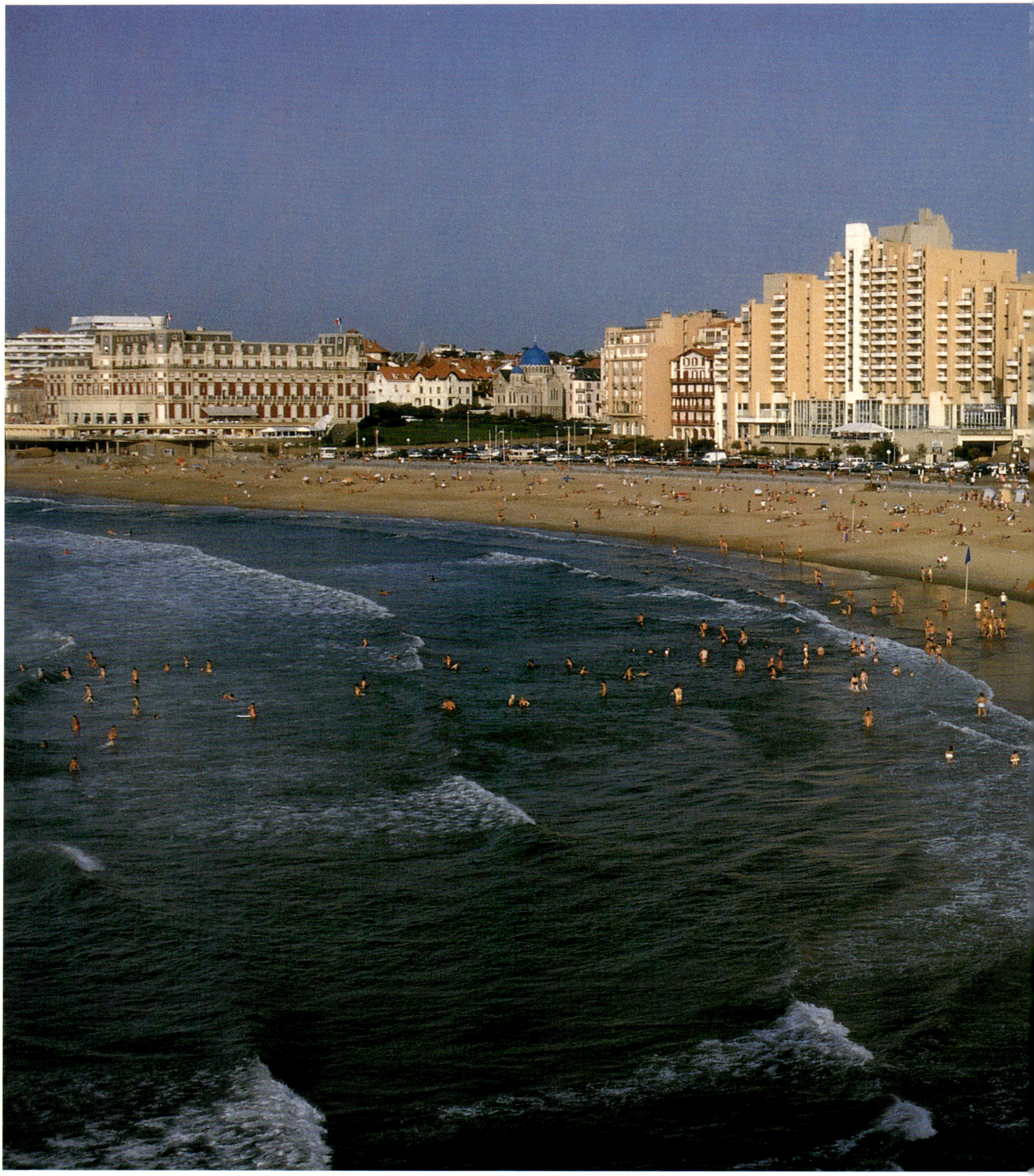

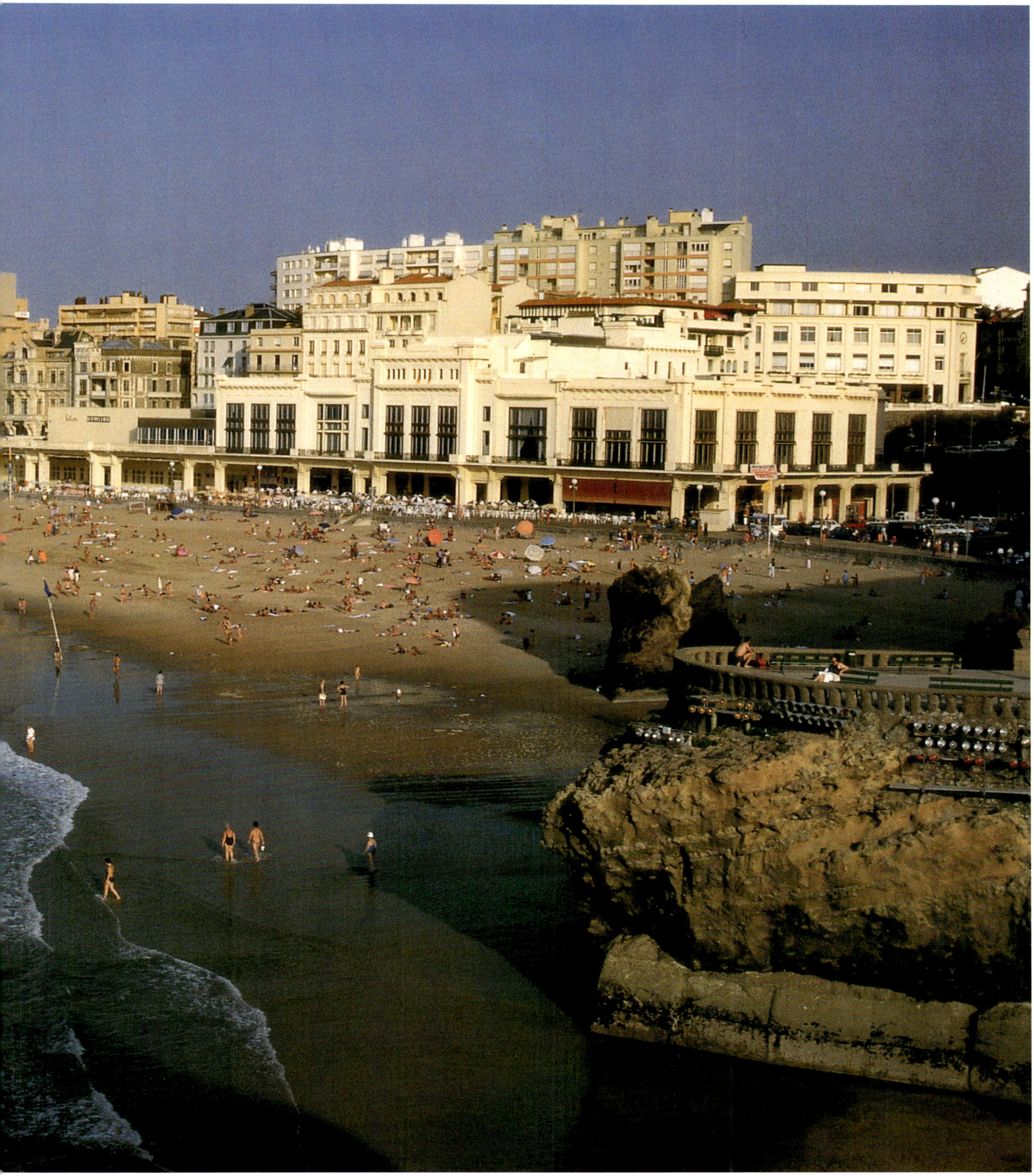

Pilgerziel Lourdes: Die Figurengruppe des Kalvarienbergs, der letzten Station des Kreuzwegs, den die Wallfahrer von der Basilika aus beschreiten.

Wallfahrer in der Grotte von Massabielle. Hier hatte das Mädchen Bernadette Soubirous, die Tochter eines Müllers aus Lourdes, 1858 seine Marienvisionen, und dem Wasser der seither hier sprudelnden Quelle schreiben Gläubige aus aller Welt Heilkräfte zu.

Der Innenraum der Kirche Saint-Jean-Baptiste in Saint-Jean-de-Luz mit seiner bemalten Holzdecke und der dreistöckigen Eichengalerie, Stilmerkmalen baskischer Sakralbauten. In dieser Kirche wurde am 9. Juni 1660 Ludwig XIV. mit der spanischen Infantin Maria-Teresa vermählt.

Oben und unten: Momentaufnahmen von der «Force basque», dem turbulenten baskischen Fest in Sare, in dessen Mittelpunkt die überlieferten Chorgesänge und traditionellen Tänze stehen. Auch sportliche Wettkämpfe und Spiele gehören zu diesen beliebten Volksfesten.

Seit alters her ist die Region Midi-Pyrénées ein Gebiet der Schafzucht; ihr berühmtestes Produkt ist der Roquefort-Käse, der aus der Milch der Causse-Schafe hergestellt wird.

Weinlese in der Nähe von Espéraza im Département Aude, zu Füßen der östlichen Pyrenäen, dem bis heute ertragreichsten Weinanbaugebiet Frankreichs.

Nächste Doppelseite: Picknick am Wasser – inmitten der wilden Urlandschaft der Hochpyrenäen im Gebiet der Seen von Ayous. Im Hintergrund der Pic du Midi d'Ossau.

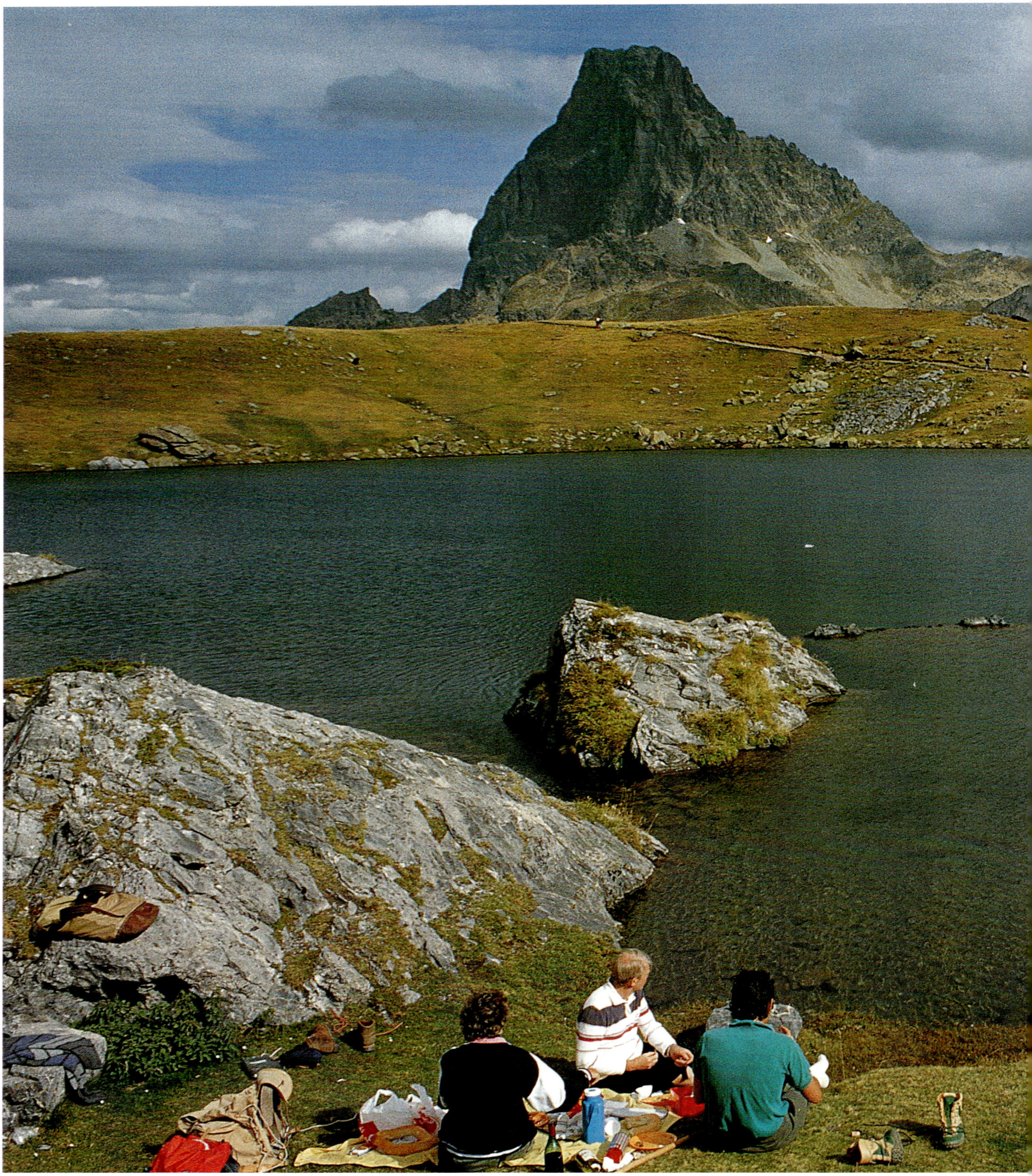

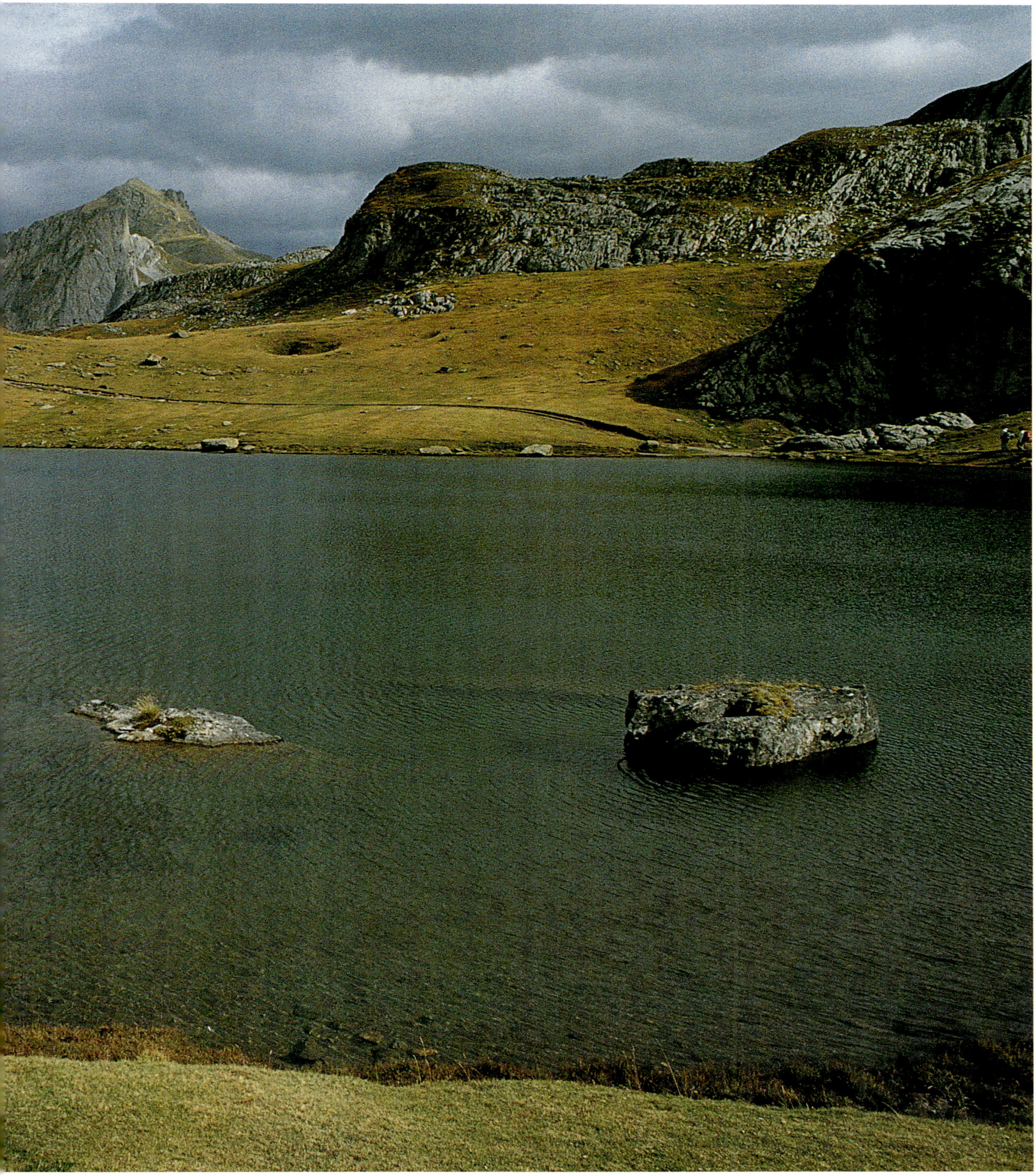

Einer abgeschiedenen Festung gleicht das Kloster Saint-Martin-du-Canigou in der einsamen Bergwelt der Ostpyrenäen. Diese im Mittelalter gegründete Benediktinerabtei verfiel nach der Französischen Revolution und wurde erst ab 1902 wieder instandgesetzt.

Bilder aus dem Périgord, dem Land der Burgen und kleinen alten Dörfer.

Oben: Auf einem schroffen Kalkfelsen thront das Schloß von Belcastel. Der Wehrturm und die Kapelle stammen noch aus dem 14. Jahrhundert, der Rest wurde im 19. Jahrhundert rekonstruiert.

Mitte: Der Ort Castelnaud am linken Ufer der Dordogne wird von einer mächtigen Burgruine überragt.

Unten: Gegenüber von Castelnaud, am rechten Ufer der Dordogne, liegt das Schloß Beynac; zwei rivalisierende Festungen bewachten hier den Fluß, der im Hundertjährigen Krieg die Grenze zwischen dem englisch besetzten und dem französischen Aquitanien bildete.

Route ③: Ausflug in die Prähistorie – der Périgord

Cahors – Rocamadour – Souillac – Sarlat-la-Canéda – Les Eyzies – Tal der Dordogne – Domme – Gourdon (392 Kilometer)

Durch das bergige Land des Périgord führt die meist kurvenreiche Route. Eichenwälder wechseln mit ginstergelben Hängen, Flüsse haben sich tief ins Gestein gegraben. Die engen Straßen und schmalen, hohen Häuserfronten der Altstadt von Cahors scharen sich um die sehr eigenwillige Kathedrale Saint-Étienne (1119 geweiht). Zwei orientalisch anmutende Kuppeln überwölben das Kirchenschiff. Die Brücke über den Lot, der Pont-Valentré (14. Jahrhundert), ist bewehrt mit drei Türmen. Ein kleiner Abstecher führt ins windungsreiche Tal des Lot nach Saint-Cirq-Lapopie, einem erstklassig restaurierten mittelalterlichen Dorf am Felshang. Die Grotte du Pech-Merle bei Cabrerets wurde 1922 von spielenden Kindern entdeckt. Ihre prähistorischen Felszeichnungen überspannen einen Zeitraum von vielen tausend Jahren. Von Cahors aus geht es über Payrac auf einer außerordentlich schönen Strecke nach Rocamadour. Der mittelalterliche Wallfahrtsort zieht sich den Berg hinauf, der steil das schmale Tal beherrscht. Zwei Stadttore begrenzen die lange Hauptstraße. Eine der zahlreichen Kapellen, die Chapelle-Saint-Michel, ist in den Felsen gehauen und mit Fresken aus dem 13. Jahrhundert geschmückt. Nördlich von Payrac folgt Souillac mit seiner romanischen Abteikirche (12. Jahrhundert). Der imposante Rundkörper des Chores kontrastiert reizvoll mit den unmittelbar anschließenden kantigen Radialkapellen. Ein Höhepunkt romanischer Bildhauerkunst ist der tanzende Jesaja am Eingang der Kirche. Das Tal der Dordogne entlang fährt man nach Sarlat-la-Canéda, das als die schönste Stadt der Region gilt. Man sollte sich Zeit nehmen, um die alten Gassen zu durchstreifen mit ihren gut restaurierten Häusern, Portalen, Torbögen und Innenhöfen aus Mittelalter und Renaissance. Der Interessierte mag einen Abstecher nach «Lascaux II» machen, der sorgfältigen Nachbildung der weltberühmten Höhle von Lascaux.

Ansonsten empfiehlt sich die direkte Strecke vorbei an der spätmittelalterlichen Burg Puymartin nach Les Eyzies, Hauptstadt der Prähistorie. Das erstklassige Musée National de Préhistoire, eines der besten prähistorischen Museen der Welt, ist in der mittelalterlichen Burg untergebracht. Die nahegelegenen Höhlen von Font-de-Gaume und Combarelles, Heimat des Homo Sapiens und des Homo Faber, sind bemalt mit Bisons, Wildpferden, Mammuts, Rentieren, auch Löwen und Bären, wobei manche Unebenheiten der Felsformation in die Zeichnung integriert sind. Gen Süden geht es zurück ins Tal der Dordogne, zu seinem landschaftlich schönsten Abschnitt. In sanften Biegungen hat sich der Fluß seinen Weg durchs Gestein gebahnt. Auf Felsen und Hügeln thronen Burgen wie die von Castelnaud, Beynac, La Roque-Gageac. Dörfer schmiegen sich an Abhänge und säumen das Ufer. In Domme laden verwinkelte Gassen, alte Stadttore, die Markthalle mit hölzerner Galerie und eine Festung (erbaut 1283) zum Verweilen. Nach der aus dem Fels wachsenden Burg von Cingle de Montfort biegt man ab nach Süden. Kurz vor dem malerischen Gourdon liegt die Grotte de Cougnac, deren Felsmalereien etwa 18 000 Jahre alt sind. Durchs Bergland geht es zurück nach Cahors.

Route ④: Entlang der bretonischen Küste
Morlaix – Guimiliau – Landivisiau – Landernau – Plougastel – Le Faou – Camaret – Locronan – Quimper – Concarneau – Pont-Aven (247 Kilometer)

Dies ist eine kleine Reise ins Finistère, das nordwestlichste Département von Frankreich. «Finis terrae», das Ende der Welt, nannten die Römer die Provinz. Gischtumtoste Felsen, verwitterte graue Steine, grüne Felder, treibende Wolken, unterm Sturm sich duckende Dörfer, der Geruch nach Meer und Wind, Wind, Wind – dies sind Eindrücke, die man aus der Bretagne mitnehmen wird, dem Land der Mythen, Traditionen, Sagen. Der erste Teil der Route führt zu einigen Beispielen des typischen umfriedeten Pfarrbezirks mit Kirche und Beinhaus, genannt *enclos paroissial*. Sein Herzstück ist der Kalvarienberg (*calvaire*). Die Meisterwerke dieser Bildhauerkunst entstanden im 15. und 16. Jahrhundert, als Tuchindustrie und -handel dem Land Prosperität brachten. Vom Fachwerk-Städtchen Morlaix, an einer tiefen Mündungsbucht der Kanalküste gelegen, geht es nach Saint-Thégonnec, das einen geradezu monumentalen Pfarrbezirk besitzt mit Triumphtor (1587), prachtvollem Beinhaus (um 1680) und einem Kalvarienberg mit realistisch gestalteten Figuren. Der größte Calvaire steht im nächsten Dorf, in Guimiliau. Er ist mit über 200 Figuren bevölkert, die in dramatischen Szenen arrangiert sind. Im benachbarten Lampaul-Guimiliau ist ein vollständiger, reich geschmückter Enclos Paroissial erhalten mit großartig ausgestatteter Kirche. Über Landivisiau führt die Strecke durch typisch bretonische Landschaft nach La Roche-Maurice. Es wird von einer Burgruine aus dem 9. Jahrhundert überragt, um die sich die Sage von einem menschenfressenden Drachen rankt. In Landernau führt über den Elorn eine Brücke mit alten Häusern, die heute noch bewohnt sind. Daoulas, südlich davon, besitzt einen Pfarrbezirk mit romanischer Kirche aus dem 12. Jahrhundert. Der Interessierte mag einen Abstecher nach Plougastel-Daoulas machen, wo der größte und schönste Calvaire der Bretagne steht. In Le Faou beginnt die Fahrt durch eine der bretonischen Landzungen mit herrlichen Ausblicken auf Land und Meer. Bei Landévennec stehen die 900 Jahre alten Ruinen der ersten auf bretonischem Boden gegründeten Abtei (um 485). Die alte Hafenstadt Camaret, der westlichste Punkt, ist bekannt als Seebad und als bedeutender Ort für die Langustenfischerei. In der Kapelle Notre-Dame de Roc'h am a Dour (Fels inmitten des Meeres) auf einer kleinen Halbinsel kann man zahlreiche Votivgaben von Seeleuten in Form von Schiffen sehen. Die Burg von Camaret beherbergt ein Schiffsmuseum. Auf dem Weg zur Pointe de Penhir kommt man vorbei an den Alignements de Lagatjar: Drei Reihen von insgesamt 143 Menhiren aus weißem Quarzit zeugen von der Frühzeit menschlicher Kultur. Der Weg zurück führt durch den Nationalpark des Armorique, mit einem kleinen Abstecher hinauf zum 330 Meter hohen Ménez-Hom. Locronan, weiter im Süden, das sein altes Stadtbild original bewahrt hat, diente für zahlreiche Filme als Kulisse. Der einstige Reichtum der Segeltuchmacher läßt sich noch ablesen an den schönen Häusern, die Straßen und Plätze säumen. Über Quimper (siehe Seite 151) gelangt man nach Concarneau, dem drittgrößten Fischereihafen Frankreichs. Dem Fischfang ist das

Links: Zu den Besonderheiten der Bretagne gehören die «Enclos paroissiaux», ummauerte Kirchhöfe mit Beinhaus, Kirche und Calvaire (Kalvarienberg). Im Bild der Calvaire von Guimiliau aus dem Jahr 1581 mit über 200 Figuren aus Granit.

Musée de la Pêche gewidmet. Aus dem 14. Jahrhundert stammt die Inselstadt *Ville Close*, die alte Stadtbefestigung mit Türmen und dicken Umfassungsmauern aus Granit. Im nahegelegenen Pont-Aven lebte Paul Gauguin (1848–1903), der sich vom Impressionismus lossagte und hier, zusammen mit anderen Malern, die «Schule von Pont-Aven» gründete.

Route ⑤: Das Loire-Tal und seine Schlösser

Blois – Chambord – Cheverny – Chenonceaux – Loches – Azay-le-Rideau – Chinon – Saumur – Villandry – Amboise – Chaumont (348 Kilometer)

Bevor Paris zum Zentrum der politischen Macht und zum Sitz der französischen Könige wurde, war das Tal der Loire das Land der Monarchen. Sie reisten von Burg zu Burg, von Schloß zu Schloß, mit großem Troß. Die Zeit vom 13. bis zum 16. Jahrhundert war die Zeit der wandernden Könige, allen voran Franz I., verheiratet mit Claude de France, nach der die Reineclauden benannt sind. Die Loire ist der letzte unbegradigte große Fluß Europas. Gemächlich fließt sie durch ihr breites Bett, an ihren Ufern wachsen lichte Auenwälder. Die schönste Zeit für eine Reise an die Loire dürfte der Herbst sein mit seinem milden Licht und seinen doch klaren Konturen – und mit der Weinernte. Ludwig XII. und Franz I. prägten den Charakter des Château de Blois. Schmuckstück ist der offene Treppenturm im Innenhof: Seine filigrane Außenwand ist zart durchbrochen wie steinerne Spitze. Das Château de Chambord, ein großer Komplex aus wuchtigen Steinmassen, steht in einem riesigen Park. Der weiche Baugrund erforderte stabile Fundamente. Unzählige Türmchen und Lukarnen zieren das Dach. Die 440 Räume sind dem Fremden ein schier unentwirrbares Labyrinth. Ludwig XIV. liebte es, hier glanzvolle Feste zu geben. Im Innern des quadratischen Hauptturmes (*donjon*) windet sich eine höchst raffinierte doppelläufige Wendeltreppe durch die drei Geschosse, möglicherweise wurde dem Bauherrn, Franz I., die Idee dazu von Leonardo da Vinci zugeflüstert. Durch den Park führt eine schnurgerade Straße nach Süden Richtung Cheverny. Das klassizistische Schloß besteht nur aus einem Trakt. Die Jagdleidenschaft des Besitzers zeigt sich in dem Jagdmuseum und dem großen Hundezwinger. Chenonceaux, südwestlich davon am Cher gelegen, gilt als das schönste der Loire-Schlösser. Auf einer Stützkonstruktion von Mauern und Bögen steht das Schloß quer im Fluß. Vom Vorgängerbau ist der runde Donjon erhalten. In der Galerie wurden tagelange Feste gefeiert, bei denen sich Maskeraden, Jagdausflüge, Konzerte, Bälle, Feuerwerke abwechselten. Die Maitresse Heinrichs II., Diane de Poitiers, legte herrliche Gärten an. Weiter südlich liegt die große Befestigungsanlage von Loches. Dem mächtigen Donjon aus dem 11. Jahrhundert geben die meterdicken hohen Mauern und kleinen Wandöffnungen das Gepräge eines Wehrbaus. An der Nordspitze des Areals wurde im 14. Jahrhundert der komfortablere *Logis Royal* errichtet. Im grünen Tal der Indre geht es zum Schloß von Azay-le-Rideau, das in hinreißender Lage aus der spiegelnden Wasserfläche der Indre ragt. Eine Konstruktion von Pfählen sichert die Standfestigkeit. Ein starker Kontrast zu diesem höchst ästhetischen Juwel der Schloßarchitektur sind die zerfallenen Reste der nahen Burg von

Königsschlösser im Loire-Tal.

Oben: Azay-le-Rideau, ein Wasserschloß aus der Renaissance.

Rechts: Das verspielte Schloß Ussé soll den Dichter Charles Perrault zu seinem Märchen «Dornröschen» angeregt haben.

Chinon. Ihr einziger komplett erhaltener Bau ist der Uhrturm, der ein kleines Museum über Jeanne d'Arc enthält. Durch das Tal der Vienne erreicht man Saumur. Den Reisenden empfängt ein prächtiges Stadtbild, das überragt wird vom turmbewehrten Schloß. Seit dem Mittelalter ist Saumur eine Stadt des Weinbaus. Von diesem westlichsten Punkt der Reise geht es an der Loire zurück, vorbei an Ussé, dem Märchenschloß par excellence, nach Villandry. Dessen Gärten wurden nach Renaissance-Vorbild in abgezirkelten geometrischen Formen angelegt. Unterhalb des Wassergartens breitet sich der Ziergarten mit vier riesigen Beeten aus, welche die vier Charaktere der Liebe symbolisieren – die zärtliche, die tragische, die flüchtige und die leidenschaftliche. Der Nutzgarten ist getrennt nach Gemüsen und Heilkräutern. Weiter das Tal der Loire hinauf lädt Tours zu einem Spaziergang durch seine mittelalterlichen Gassen ein. Von da führt die Strecke nach Amboise. Hier begründete Franz I., der die Frauen liebte, den Stil des französischen Hoflebens. Zur weiteren Steigerung seines Ansehens holte er den greisen Leonardo da Vinci nach Amboise, der im nahegelegenen Schlößchen Clos-Lucé logierte, zeichnete – und starb. Deutsche Romantiker wie Chamisso und Schlegel waren Gast von Madame de Staël, die um 1810 auf Schloß Chaumont literarische Zirkel abhielt und ihr Werk «De l'Allemagne» schrieb. Mit seinen dicken, runden Türmen wirkt es wie eine Burg. Es besitzt wohl die luxuriösesten Pferdeställe der Welt. Im Hof öffnen die beiden seitlichen Flügel einen herrlichen Blick auf den Fluß, auf seine Auen und Wälder. Durch diese reizvolle Landschaft geht es zurück nach Blois.

Route ⑥: Eine Tour durch das südliche Burgund
Dijon – Beaune – Tournus – Cluny – Autun (362 Kilometer)
Burgund ist das Land der Weinberge, der romanischen Kirchen, der Herzöge und das Land der *haute cuisine*. Das Herz von Dijon ist die Place de la Libération, deren Halbrund sich vor dem Palast der Herzöge von Burgund mit dem Musée des Beaux-Arts öffnet: Es ist eines der reichhaltigsten Museen des Landes, mit Meisterwerken der flämischen, italienischen, französischen, deutschen Kunst. Hinter dem Herzogspalais ragt die hohe, spitze Haube vom Vierungsturm der Kirche Notre-Dame empor (erbaut 1220–1250), deren Westfassade von zwei durchgehenden Arkadenreihen aus schlanken Säulchen umspannt ist. Viele Geschäfte bieten die berühmte Moutarde de Dijon an, Senf in allen Geschmacksrichtungen. Über Nuits-Saint-Georges mit seinem Glockenturm aus dem 17. Jahrhundert gelangt man nach Beaune, der Kapitale des Burgunderweins. Ein Weinmuseum befindet sich in der Residenz der Herzöge von Burgund. Um 1450 ließ der Kanzler von Burgund ein Armenhospiz, das Hôtel-Dieu, erbauen, dessen farbige Dachziegel in geometrischen Mustern leuchten. Durch die Weinberge, vorbei an Champagner- und Weinkellereien, geht es ins Hügelland. La Rochepot wird von der gut restaurierten Ritterburg mit ihren farbenfrohen Ziegeldächern überragt. Südlich von Chalon-sur-Saône folgt das malerisch an der Saône gelegene Tournus mit der romanischen Kirche Saint-Philibert. Krypta, Kreuzgang, Kapitelsaal und Wärmstube der ehemaligen Abtei sind gut erhalten. Im südwestlichen Bergland stand einst das größte Kloster der Christenheit, die Benediktinerabtei Cluny. Von den ungeheuren Ausmaßen der fünfschiffigen Kirche vermitteln ergrabene und gut markierte Fundamente eine Vorstellung, ebenso der Rest des südlichen Querschiffes mit Turm, der der Zerstörung im Jahr 1790 entging. Ein kleines, gutes Museum gibt Aufschluß über die Geschichte. Durch eine liebliche Landschaft geht es nach Paray-le-Monial, dessen Kirche Notre-Dame (um 1100) als Taschenausgabe von Cluny gilt: Zweiturmfassade, Vorhalle und der gestaffelte Umgangschor machen sie zu einem kleinen Abbild des zerstörten Cluny. Über Monceau-les-Mines führt die Strecke nach Autun. Vom römischen Augustodunum, das anstelle einer keltischen Siedlung entstand, zeugen zwei Stadttore aus dem 3. Jahrhundert. Bedeutendstes Bauwerk ist die Kathedrale Saint-Lazare, die zwischen 1120 und 1130 errichtet wurde. Der Tympanon über dem Eingangsportal zeigt eine außerordent-

Das Weingut «Clos des Langres» inmitten des berühmten Weinbaugebiets Côte-d'Or in Burgund.

À VOTRE SANTÉ: FRANKREICHS WEINE

Frankreichs Weinatlas zeigt sieben große Landschaften: Das Seine-Becken mit der Champagne, dem Land um Paris und Niederburgund; das Rhône-Becken mit Hochburgund, der Côte Chalonnaise, den Weinbaugebieten Beaujolais und Mâconnais sowie dem Rhône-Ufer südlich von Lyon; den Midi (Provence und Languedoc); das Loire-Becken; die Charente (mit der Champagne von Cognac); das Garonne-Becken bzw. das Bordelais und das Elsaß.

Fast jede Frankreichreise führt also in eine oder zumindest durch eine Weinlandschaft. Die Franzosen trinken zwar, laut Statistik, in den neunziger Jahren des 20. Jahrhunderts im Durchschnitt etwas weniger Wein als zuvor, aber sie trinken immer bessere Weine. Dem *Vin de Pays*, dem französischen Landwein, hat man nicht nur einen Platz im Weinrecht (*Code du Vin*) zuerkannt, seit geraumer Zeit setzen auch immer mehr Winzer ihren Ehrgeiz in die Qualitätssteigerung. An den richtigen Adressen lohnt es sich, Prestige-Rebsorten wie etwa einen aromatischen Chardonnay oder einen fruchtig-duftigen Sauvignon einmal nicht in AC-Qualität (*Appellation Contrôlée*), sondern als *Vin de Pays* zu probieren.

In die oberen Regionen des französischen Weinhimmels dringt man vor, wenn man zur Weinprobe in die Tiefe steigt: in die Keller der Burgunderweine von Beaune zum Beispiel oder im Bordelais in die Keller der Château-Weine, die seit 1855 als Spitzengewächse ausgewiesen sind, als *premiers grands crus*: Châteaux D'Yquem, Lafite, Latour, Margaux, Haut-Brion und (seit 1973) Mouton-Rothschild.

Wiederum ein Kontrasterlebnis: Die nur ein bis anderthalb Meter über dem Meeresspiegel liegenden Weinfelder der Languedoc, wo zwischen Montpellier und Carcassonne die *vins de sable*, die «Sandweine», gedeihen. Mit neuen Rebsorten und perfektionierter Kellertechnik gelang dort schon vor zwanzig Jahren die Produktion von Qualitätsweinen – auf Böden, die zu 99 Prozent aus Sand bestehen. Nördlich vom Bordelais, an der Charente, ruhen in den Kellern von Cognac hundertjährige Weinbrände, mit denen jüngere Jahrgänge noch veredelt werden. Nur AC-Weine des Gebiets Cognac werden in zweimaliger Destillation und nachfolgender mindestens zweijähriger Lagerung in Fässern aus Limousin-Eiche zu Cognac. Andere französische Weinbrände heißen *Armagnac* (die Landschaft südlich von Cognac) oder *Eau de Vie de Vin*.

Wer lieber Champagner im Glas perlen läßt, reist nach Reims und Épernay, zu Frankreichs nördlichsten Rebhängen. Als «Vater des Champagners» wird der Benediktinerpater Dom Pérignon verehrt, der um 1700 in der Abtei Hautvilliers waltete. Doch kann die *Méthode Champenoise* mit Flaschengärung erst im 19. Jahrhundert voll entwickelt worden sein, als Flaschen geblasen wurden, die bis zu fünf Atmosphären Druck aushielten. Rund hundert Kilometer lang sind die *Caves de Champagne* von Reims und Épernay, die Tunnel unter der Stadt, die besichtigt werden können – bei Piper-Heidsieck durchfährt man sie mit einer Schmalspurbahn.

Übrigens sind die Anfänge der Weinkultur in Frankreich deutlich älter als rechts des Rheines: Nicht die Römer brachten sie, sondern griechische Kolonisten aus Kleinasien bauten hier schon im 6. Jahrhundert v. Chr. Weinreben an.

Michael Neumann-Adrian

Weinlese im Anbaugebiet Saint-Émilion im Bordelais (Foto von 1920).

Die klassischen Holzfässser, Bütten, randvoll mit dunklen Trauben: Bilder aus den Weinbaugebieten Saône (oben) und Saint-Émilion (unten), aufgenommen um 1920.

lich phantasievolle, schreckeneinflößende Darstellung des Jüngsten Gerichts. Weitere höchst qualitätvolle Steinmetzarbeiten sind die Säulenkapitelle des Langhauses sowie Ausstellungsstücke im Lapidarium. Im nahegelegenen Musée Rolin, das in einem Bürgerhaus aus dem 15. Jahrhundert untergebracht ist, ist darüber hinaus eine vorgeschichtliche, eine gallorömische und eine mittelalterliche Sammlung zu sehen. Von Autun führt die Route nach Dijon zurück.

Sehenswerte Orte und Landschaften von A bis Z

Ziffern im Kreis verweisen auf die Karte auf Seite 155.

Aix-en-Provence ①. Die meisten Franzosen würden, wenn sie die Wahl hätten, am liebsten in Aix wohnen. Die Stadt ist mediterran, obwohl sie nicht am Meer liegt; eine Gründung der Römer, erlebte sie im Mittelalter als Hauptstadt der Grafschaft Provence eine kulturelle Blütezeit. Sie ist eine Stadt der Künste und besaß dabei noch vor wenigen Jahren kein einziges Werk ihres großen Sohnes, dem Vater der modernen Malerei: Paul Cézanne. Pulsierende Hauptschlagader von Aix ist der breite *Cours Mirabeau*, von einem grünen Tunnel aus Platanen in flirrendes Licht- und Schattenspiel getaucht. Im streng geometrisch angelegten *Quartier Mazarin* aus dem 17. Jahrhundert reihen sich in den parallelen Straßenzügen vornehme Adelspalais. Auf der Place de l'Hôtel de Ville und rings um das klassizistische *Palais de Justice* herrscht buntes Markttreiben. Der Glockenturm des *Hôtel de Ville* ist gekrönt von einer «barbarotte», dem typisch provenzalischen Glockengitter. Das Erzbischöfliche Palais aus dem 17. Jahrhundert ist heute ein Tapisseriemuseum. Sein weiträumiger Innenhof ist Bühne für das allsommerliche Opernfestival. Die Kathedrale *Saint-Sauveur* ist eine faszinierende Mischung von Stilen: Neben dem gotischen Portal öffnet sich eine romanische Pforte, selbst römische Mauerreste sind zu entdecken. Reich ausgestattet ist das gotische Innere – nüchtern dagegen das frühchristliche Baptisterium, dessen acht Säulen einem antiken Bau entstammen. Architektonischer Kontrapunkt ist der etwas außerhalb der Stadt liegende kühne Bau der *Fondation Vasarély*, den Victor de Vasarély entwarf.

Östlich von Aix erhebt sich die *Montagne Sainte-Victoire*, deren markante Umrißlinie und komplexe Form Cézanne zu zahlreichen Gemälden inspirierte. Unweit steht das schlichte Renaissanceschloß *Vauvenargues*, das Pablo Picasso im Jahr 1958 erwarb, allerdings verbrachte er hier bei weitem nicht so viel Zeit wie an der Côte d'Azur. Nach seinem Tod wurde er im Park des Schlosses beigesetzt.

Das von Pablo Picasso 1958 erworbene Renaissanceschloß Vauvenargues in dem gleichnamigen Dorf östlich von Aix-en-Provence. In seinem Park liegt der Maler zusammen mit seiner zweiten Frau, Jacqueline Roque, begraben.

Albi ②. Die «purpurne Stadt» hat ihren Beinamen vom rötlichen Stein der Häuser. Kontrastreich erhebt sie sich über dem grünbewachsenen Ufer des Tarn. Trutzig ragt die gotische Kathedrale *Sainte-Cécile* empor (erbaut 1282–1390), die kräftigen runden Wandvorlagen geben ihr einen burgartigen, uneinnehmbaren Charakter. In der Tat spielte die Stadt eine wichtige Rolle in den blutigen Albigenserkriegen (zwischen 1209 und 1229). Das Erzbischöfliche Palais, das *Palais de la Berbie*, ein Wehrbau aus dem 13. Jahrhundert, beherbergt heute das *Musée Toulouse-Lautrec*. Die Bilder des großen Sohnes der Stadt (1864–1901) erzählen vom Leben der Bohème in Paris. Auch mehr als 400 Werke seiner künstlerischen Zeitgenossen sind ausgestellt. Ob Albi wirklich die schönste Stadt Frankreichs ist, wie viele meinen, darüber mag man sich selbst ein Urteil bilden bei einem Spaziergang durch die engen, winkligen Gassen mit ihren Bürgerhäusern und hübschen Fassaden und der von Leben erfüllten Markthalle.

Südfranzösisches Flair im Schatten der Platanen: Auf dem Cours Mirabeau, der Flaniermeile im Stadtzentrum von Aix-en-Provence.

Amiens ③. Die Kathedrale *Notre-Dame* (1220–1269 errichtet), Meisterwerk der französischen Kathedralgotik, war eines der Vorbilder für den Kölner Dom und wegweisend für zahllose andere Kirchenbauten. Die Westfassade, absolutes Glanzstück unter ihresgleichen, entstand zwischen 1225 und 1235. Aus der Spätgotik stammen die Rose und die Turmaufbauten. Die drei überreich mit Bildhauerarbeiten geschmückten Portale sind ein Höhepunkt der gotischen Plastik. Am Mittelpfeiler des Hauptportals steht der *Beau Dieu d'Amiens* (etwa 1240), eine segnende Christusfigur. Über den Portalen reihen sich in einer erhabenen Galerie die Statuen von 22 französischen Königen. Das Portal des südlichen Querschiffes ziert die berühmte *Vierge Dorée*, eine ehemals vergoldete, sehr anmutige Dame, die sich lächelnd ihrem Kind zuwendet. Straff ziehen sich die Arkadenbögen des Innenraums bis zur halben Höhe des dreiteiligen Wandaufrisses. Der Blick des Betrachters folgt dem gewaltigen Höhenzug – und wandert durch das Kirchenschiff nach vorn, wo der lichtdurchflutete Strahlenstern des Chores den architektonischen Abschluß bildet. Aus der Aura von Ewigkeit und Monumentalität kann man in irdische Vertrautheit zurückkehren auf einem Spaziergang durch das nördlich sich anschließende *Quartier Saint-Leu*, ein von Kanälen durchzogenes Viertel mit einer malerischen Zitadelle aus dem Jahr 1589. Im *Musée de la Picardie* finden sich bedeutende Gemälde von Peter Paul Rubens, Frans Hals, El Greco, Jean-Honoré Fragonard, François Boucher, Camille Corot und Eugène Delacroix sowie eine Sammlung antiker Skulpturen.

Der Kreuzgang der romanischen Abtei Saint-Trophime in Arles. Das Kloster ist dem griechischen Apostel geweiht, der, der Legende zufolge, im 1. Jahrhundert n. Chr. die Provence christianisiert haben soll.

Die Allee der Sarkophage in den Alyscamps, den «Elysischen Feldern» am Rand des antiken Bezirks von Arles. Vincent van Gogh wie Paul Gauguin haben die eigentümliche Atmosphäre dieser Totenstadt auf ihren Gemälden festgehalten.

Arles ④. Steht man oben auf den Arkadenbögen der antiken *Arena*, streift der Blick über die Dächer mit den römischen Ziegeln, die Firste, die flachen Giebel, wie sie seit Hunderten von Jahren hier stehen; er zieht über die Rhône, den breiten, mächtig gewordenen Fluß, und verliert sich im weißlichen Licht der Provence, das den Horizont vergessen macht und Himmel und Erde eins werden läßt. Ende des 1. Jahrhunderts n. Chr. für über 20 000 Besucher gebaut, war die Arena Schauplatz von Gladiatorenkämpfen und öffentlichen Hinrichtungen. Im Mittelalter nutzten sie die Bürger als Festung, wovon die damals errichteten Türme zeugen. Heute finden hier Stierkämpfe statt. In die Ruine des *Théâtre antique*, das zu Römerzeiten 8000 Zuschauer faßte, locken sommerliche Festspiele. Die Kirche *Saint-Trophime* mit figurengeschmücktem Portal wurde im 12. Jahrhundert gebaut und rechtzeitig fertig für die Krönung Friedrich Barbarossas zum König von Arles. Das Innere ist in schlichten gotischen Formen gehalten. Im Kreuzgang aus dem 12. und dem 14. Jahrhundert bezaubern die formenreichen Kapitele. Im *Musée lapidaire* führen römische Skulpturen und Reliefs wieder in die Antike zurück. Römische und moderne Kultur begegnen einander auch am Fluß, wo Konstantins Thermen aus dem frühen 4. Jahrhundert von hochstehender Zivilisation zeugen; das *Musée Réattu* nebenan zeigt 57 Zeichnungen von Picasso. *Les Alyscamps* war ursprünglich eine heidnische, später eine christliche Nekropole. Malerisch säumen antike Sarkophage eine zypressenbeschattete Allee; die Bilder von Vincent van Gogh, der in Arles lebte, haben sie berühmt gemacht.

Die Abtei von *Montmajour*, sechs Kilometer nordöstlich von Arles gelegen, erhebt sich einsam auf einem sanften Hügel. Kirche mit Krypta und Kreuzgang (12./14. Jahrhundert), die Kapelle *Sainte-Croix* und der 30 Meter hohe Turm (großartiger Rundblick) zeugen in wuchtiger Kantigkeit von längst verflossenen Zeiten.

Arras ⑤. Ein einmaliges intaktes Ensemble flämischer Architektur aus dem 17./18. Jahrhundert ist Arras mit seinen Plätzen: Um die *Grand-Place* und die *Place des Héros* reihen sich

Bürgerhäuser mit verzierten Giebeln, Galerien und unzähligen Arkaden. Sie künden von Bürgerstolz und Reichtum aus den Zeiten der blühenden Tuch- und Tapseriemanufakturen. Ein 75 Meter hoher spätgotischer Turm überragt das Rathaus. Die Kathedrale, ein erhabener Bau mit klassizistischer Fassade, war Teil der Benediktinerabtei Saint-Vaast (18. Jahrhundert), in der heute das *Musée des Beaux-Arts* untergebracht ist (Werke von Breughel, Delacroix, Corot u. a.). Eine mächtige Zitadelle wurde im 17. Jahrhundert von dem berühmten Militärarchitekten Vauban angelegt, die Festungsanlage beherrscht die gesamte Unterstadt.

Avignon. Siehe Seite 88.

Beaune. Siehe Seite 110.

Bordeaux ⑥. Seine Glanzzeit erlebte Bordeaux zweifellos im 18. Jahrhundert. Prachtvolle Straßenzüge und vornehme Fassaden zeugen von Prosperität und Eleganz des Siècle d'or der Hafenstadt. Klassizistische Patrizierhäuser mit aristokratischen Interieurs bilden die Kulisse der großzügigen Quais. An der *Place de la Comédie* prunkt das *Grand Théâtre* (1773 bis 1780), Meisterwerk des Klassizismus, mit seiner antikisierenden Front: ein mächtiges Peristyl (Säulenhalle) aus zwölf korinthischen Säulen. Wenig früher entstand das architektonische Ensemble an der *Place de la Bourse* – Zollamt, Börse, Marinemuseum. Die Kathedrale *Saint-André* wurde zwischen dem 11. und dem 15. Jahrhundert erbaut. Unter ihren gotischen Portalen ist besonders die Porte Royale berühmt. Um 1450 wurde der freistehende Glockenturm der Kathedrale errichtet, die Tour Pey-Berland. Aus dem 3. Jahrhundert stammen die Reste eines römischen Amphitheaters, das *Palais Gallien*. Seit Römerzeiten war Bordeaux ein Handelszentrum – begünstigt durch seine Lage an der breit dahinfließenden, schiffbaren Garonne. Der Reichtum, den die Kaufleute durch ihre lukrativen Handelsverbindungen zu Afrika und Amerika in die Stadt brachten, kulminierte im 18. Jahrhundert, und noch heute ist Bordeaux, Hauptstadt des größten Départements von Frankreich, eine blühende Metropole mit wirtschaftlichen Schwerpunkten in der Luftfahrt- und der Rüstungsindustrie.

Warme Sommer und milde Winter begünstigen seit je den großen anderen Wirtschaftszweig des Bordelais: den Weinbau. Ausflüge in die Umgebung führen zu Orten mit solch illustren Namen wie Médoc, Saint-Émilion, Sauternes, Entre-deux-Mers, Mouton-Rothschild. Das Land um Bordeaux wartet auf mit unzähligen Weingütern und Schlössern, von denen man sich Malle, Margaux, Cadillac nicht entgehen lassen sollte, ebenso gibt es viele kleine Ortschaften mit zum Teil gut erhaltenen romanischen Kirchen wie Moulis, La Sauve-Majeure, Sainte-Radegonde bei Talmont. Südlich von Bordeaux wurde 1689 auf dem *Château de Labrède* der Philosoph Montesquieu geboren. Hier beginnen die *Landes*, ein riesiges, flaches Waldgebiet, das sich an der Küste entlangzieht, bis nach Biarritz. Die Atlantikküste im Westen von Bordeaux bietet endlose Sandstrände. Das Städtchen *Arcachon*, an einer geschwungenen Bucht gelegen, ist ein altes Zentrum der Austernfischerei.

Oben: Die Altstadt von Bordeaux am Ufer der Garonne mit der berühmten Brücke Pont de Pierre.

Links: Zahlreiche schöne Fachwerkhäuser aus dem 16. und 17. Jahrhundert prägen die Altstadt von Colmar.

Rechts: Aus dem 11. Jahrhundert stammt die Abteikirche Sainte-Trinité in Caen, ein für die Romanik der Normandie stilprägendes Bauwerk.

Caen ⑦. Wilhelm der Eroberer gründete die Stadt. In strategisch günstiger Lage baute er sich auf einem kleinen Felsplateau eine Festung. Davon stehen noch der mächtige Turm, der Donjon, mit meterdicken Mauern, der Saal der Finanzverwaltung und die Kapelle. Auf dem weitläufigen Gelände laden zwei Museen zum Besuch: Das volkskundliche *Musée de Normandie* und das hervorragende *Musée des Beaux-Arts* mit Meisterwerken von Rogier van der Weyden, Dürer, Tintoretto, Rembrandt, Rubens, Corot, Monet, Bonnard. Als Buße für seine vom Papst nicht gebilligte Ehe mit Mathilde ließ Wilhelm die Männerabtei *Saint-Etienne* errichten (Baubeginn 1066). Die Kirche wurde seine prächtige Grabstätte. Ihre strenge, aber sehr harmonische Fassade wirkt fest und monumental, nach oben wird sie feiner durchgegliedert. Das Innere erhielt in der Gotik ein Spitzbogengewölbe und ist von bestechender Schönheit und Eleganz. Mathilde tat ein Gleiches und stiftete die *Abbaye-aux-Dames* mit der romanischen Kirche *Sainte-Trinité* am anderen Ende der Stadt. Das *Hôtel d'Escoville* im Herzen der Stadt ist über und über mit skulpturierten Szenen der Mythologie geschmückt. Um 1530 wurde es von einem reichen Kaufmann gebaut, heute ist darin das Fremdenverkehrsamt untergebracht. Gegenüber steht die spätgotische Kirche Saint-Pierre. Mit ihrem stolzen Turm und überreichen Bildhauerarbeiten ist sie ein Sinnbild für den neuen Reichtum der Hafen- und Handelsstadt im 16. Jahrhundert. Ruhm erlangte Caen durch seine Universität, als intellektuelles Zentrum trägt die Stadt den Beinamen «Athen der Normandie».

Carcassonne ⑧. Die großartigste mittelalterliche Stadtbefestigung in Frankreich ist die *Cité* von Carcassonne. Eine doppelte Ringmauer mit 54 Türmen umschließt das Areal, eine wahre Akropolis. Die Anfänge der Cité gehen zurück auf gallorömische Zeiten. Im Lauf der Jahrhunderte, vor allem im 12. und 13. Jahrhundert, wurde die Anlage umkonzipiert, erweitert, mehr und mehr abgesichert. Das *Château Comtal*, heute Museum, hat eine eigene Befestigung innerhalb des Mauerrings. Mit dem Bau der romanischen Kirche *Saint-Nazaire* wurde 1206 begonnen, Querhaus und Ostanlage (1270–1320) sind gotisch. Die 22 Statuen im Chor gehen auf die Kathedralskulpturen von Reims und Amiens zurück. Auf dem gegenüberliegenden Ufer der Aude liegt die *Ville Basse*, die Unterstadt, die im 13. Jahrhundert nach schachbrettartigem Muster angelegt wurde. Ihr lebhaftes Zentrum ist die *Place Carnot* mit einem Neptunbrunnen von 1770.

Chartres ⑨. Die alten Straßen mit ihren teilweise noch mittelalterlichen Häusern scharen sich um die Kathedrale *Notre-Dame* wie um eine Mutter. Selbst wer die Kirche von Fotos kennt, ist überwältigt von den ungeheuren Massen, die da aufgetürmt sind wie ein Gebirge aus Stein. Wie muß das Bauwerk auf die Menschen des Mittelalters gewirkt haben, zumal die Stadt damals aus höchstens zweistöckigen Holzhäusern bestand! Die Westfassade war noch für den Vorgängerbau angelegt, der 1194 einem Brand zum Opfer fiel. Nach einer für jene Epoche sehr kurzen Bauzeit wurde der Neubau am 24. Oktober 1260 geweiht. Eine einzigartige Kirche war geschaffen worden mit immensen Ausmaßen – 130 Meter

Gesamtlänge, 64 Meter Länge des Querschiffs, das Langhaus ist mit 16,4 Metern das breiteste Kirchenschiff Frankreichs. Neue technische Errungenschaften erlaubten es, das Schiff in eine Höhe von 36,5 Metern emporzuziehen und riesige Fensteröffnungen freizulassen. Die leuchtenden, farbigen Glasfenster bilden das geschlossenste und prächtigste Ensemble der Gotik. Neu war damals auch der Bilderschmuck, die Portale von Lang- und Querhaus markieren den Beginn der gotischen Bildhauerkunst in Frankreich. Für das Königsportal an der Westfassade arbeiteten die erstklassigen Bildhauer des Abtes Suger von Saint-Denis (2. Hälfte 12. Jahrhundert). Sie schufen eine «Biblia Pauperum», eine Bibel in Bildern für die Armen, die des Lesens unkundig waren. An den Portalen begegnet man einem ganzen Volk von Statuen, die sehr deutlich die Entwicklung der Bildhauerkunst des 13. Jahrhunderts widerspiegeln. Vom 117 Meter hohen Nordturm blickt man hinab ins Gassengewirr und erkennt die heutige Ringstraße, die den alten Stadtkern umschließt.

Colmar ⑩. Albrecht Dürer reiste als junger Mann hierher, um den großen Meister Martin Schongauer zu sehen; dieser aber hatte wenig zuvor die irdische Welt verlassen, der er einen reichen Schatz an Kunstwerken hinterließ. Seine berühmte «Madonna im Rosenhag» (1473) ist heute in der Dominikanerkirche zu sehen, in überirdischem Liebreiz thront sie inmitten des gemalten Blütenmeeres – man glaubt, den Duft der zahllosen Blüten zu riechen. Colmars Altstadt ist ein über lange Zeit gewachsenes Netz von Gassen und Durchgängen rings um das gotische Martinsmünster. In der Rue des Marchands Nr. 30 steht das Geburtshaus des Bildhauers Frédéric-Auguste Bartholdi, dem Erbauer der New Yorker Freiheitsstatue. Vorbei am *Pfisterhaus*, einem Renaissancebau mit Holzgalerien und Erkern, kommt man zum alten *Zollhaus* aus dem Jahr 1480, in dessen Hof eine schöne Außentreppe zum Obergeschoß führt. Südlich davon liegt das *Quartier de la Krutenau*, das Klein-Venedig genannte Viertel der Fischer. Im ehemaligen Dominikanerkloster aus dem 13. Jahrhundert ist das *Musée d'Unterlinden* untergebracht, eines der schönsten Museen Frankreichs. Das Juwel der umfangreichen Sammlungen ist der *Isenheimer Altar* des Matthias Grünewald, ein riesiges Retabel, das er 1515 für ein Spital malte. Die Tafeln, hier einzeln ausgestellt, sind von enormer, geradezu expressionistischer Leuchtkraft und Ausdrucksstärke. Ein Gang durch den Kreuzgang mit seinem Licht- und Schattenspiel bildet den beschaulichen Ausklang des intensiven Kunsterlebnisses.

Côte d'Azur ⑪. Wie schimmernde Perlen eines Colliers reihen sich mondäne Glamour-Städte wie *Nizza* und *Cannes*, luxuriöse Badeorte wie *Antibes* und *Saint-Raphaël* auf dem rund 150 Kilometer langen Küstenstreifen zwischen Monte Carlo und Saint-Tropez, zu Füßen von zerklüfteten Bergen. Die kontrastreiche, vielfarbige Landschaft mit schroffen Felsen und hellen Sandstränden, stachligem Buschdickicht und dem azurblauen Meer lockte Philosophen wie Nietzsche, Filmstars wie Brigitte Bardot und Alain Delon, Künstler wie Picasso, dem in *Vallauris* ein Museum vor allem mit Keramikarbeiten gewidmet ist. Die *Fondation Maeght* in *Saint-Paul-de-Vence* zeigt in ihren Räumen und im Park klassische Werke des 20. Jahrhunderts und Wechselausstellungen zeitgenössischer Kunst (siehe auch Seite 40 f.).

Dijon. Siehe Seite 110.

Fontainebleau ⑫. Der schönste Wald von Frankreich, die *Forêt de Fontainebleau*, zog mit ihren Hügeln und Schluchten viele Maler an («Schule von Barbizon»). Hier ließ sich Franz I. ein großartiges Schloß errichten (Bauzeit 1527 bis 1570). Spätere Herrscher erweiterten es, für Ludwig XIV. war es bevorzugtes Jagdschloß, Ludwig XV. feierte hier Hochzeit, Napoleon machte es zu seiner Residenz. Um fünf Höfe gruppiert sich die unregelmäßige Anlage, deren Innenausstattung von französischen und italienischen Künstlern gestaltet wurde und einen neuen Stil begründete, die «Schule von Fontainebleau». Von herrschaftlicher Grandeur sind die königlichen Gemächer, der prächtige, 30 Meter lange Ballsaal, die reich ausgeschmückte, 54 Meter lange *Galerie François I*ᵉʳ, die sich über eine Terrasse zur *Cours de la Fontaine* öffnet. Die Gärten warten auf mit den verschiedensten Baumarten, Wasserbecken, einer Grotte und vielen Wegen, auf denen sich königlich lustwandeln läßt.

Fontevraud l'Abbaye ⑬. Richard Löwenherz, Held vieler Sagen, liegt in der majestätischen Kirche dieses Klosters begraben neben seinen Eltern, König Heinrich II. von England und Eleonore von Aquitanien, einer gebildeten Dame,

Zerklüftete, rötliche Porphyrklippen sind charakteristisch für den Küstenstreifen des Mittelmeeres unterhalb des Massif de l'Esterel. Die Küste zwischen Cannes und Saint-Raphaël gehört zu den schönsten Abschnitten der Côte d'Azur.

Fortsetzung Seite 134

Die Kirche Saint-Vincent an der Hafeneinfahrt von Collioure. Durch Henri Matisse, der hier im klaren Licht des Südens die Malschule der «Fauves» begründete, wurde dieser Ort an der Côte Vermeille weithin bekannt.

Nächste Doppelseite: In eine fast unwirkliche Kulisse vergangener Zeit verwandelt sich die mittelalterliche Cité von Carcassonne durch die strahlende Illumination vor dem nächtlichen Himmel. Die Anlage vereinigt auf eindrucksvolle Weise die galloromanische Befestigungsarchitektur mit der feudalen und militärischen Baukunst des 12. bis 14. Jahrhunderts.

117

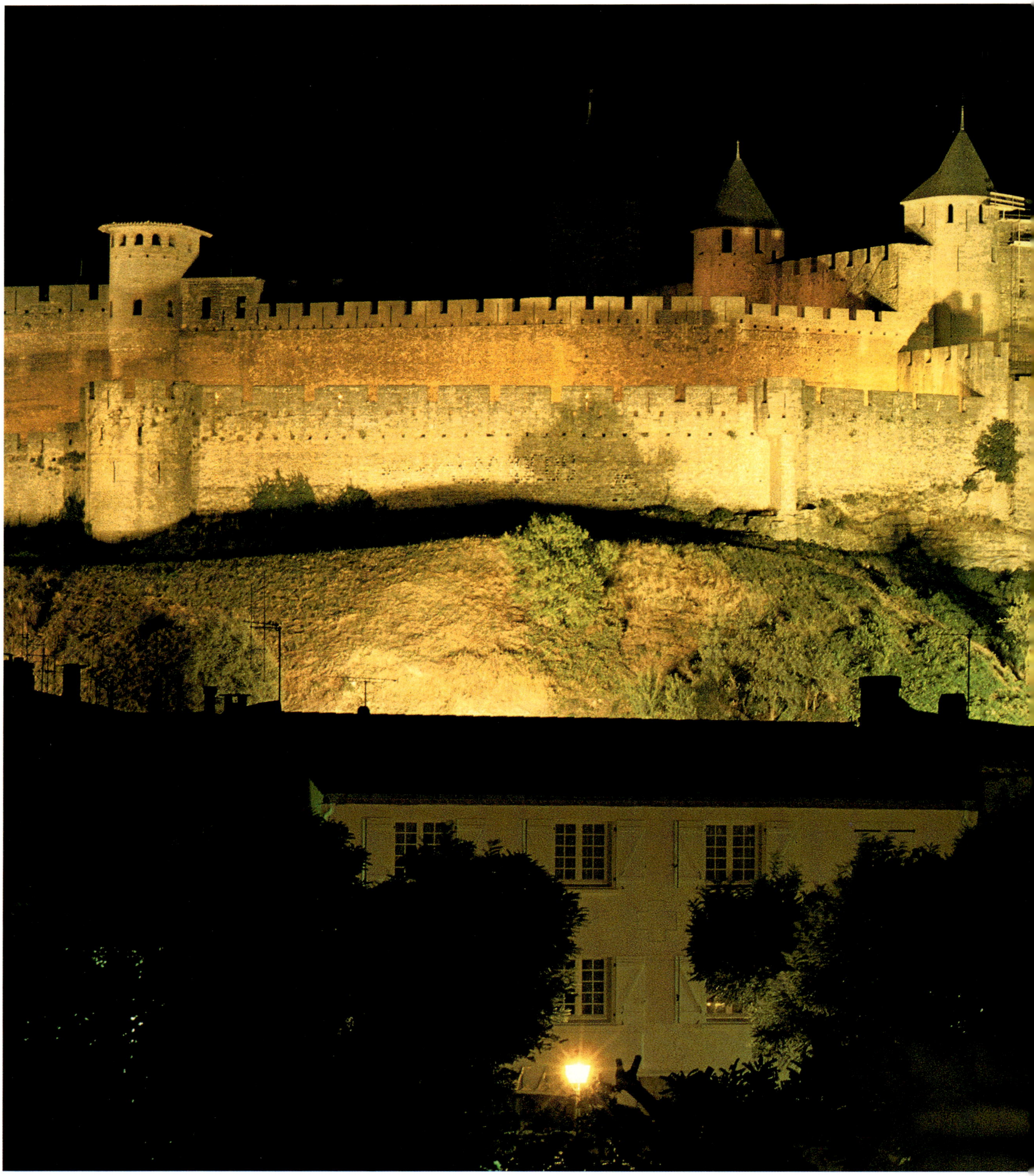

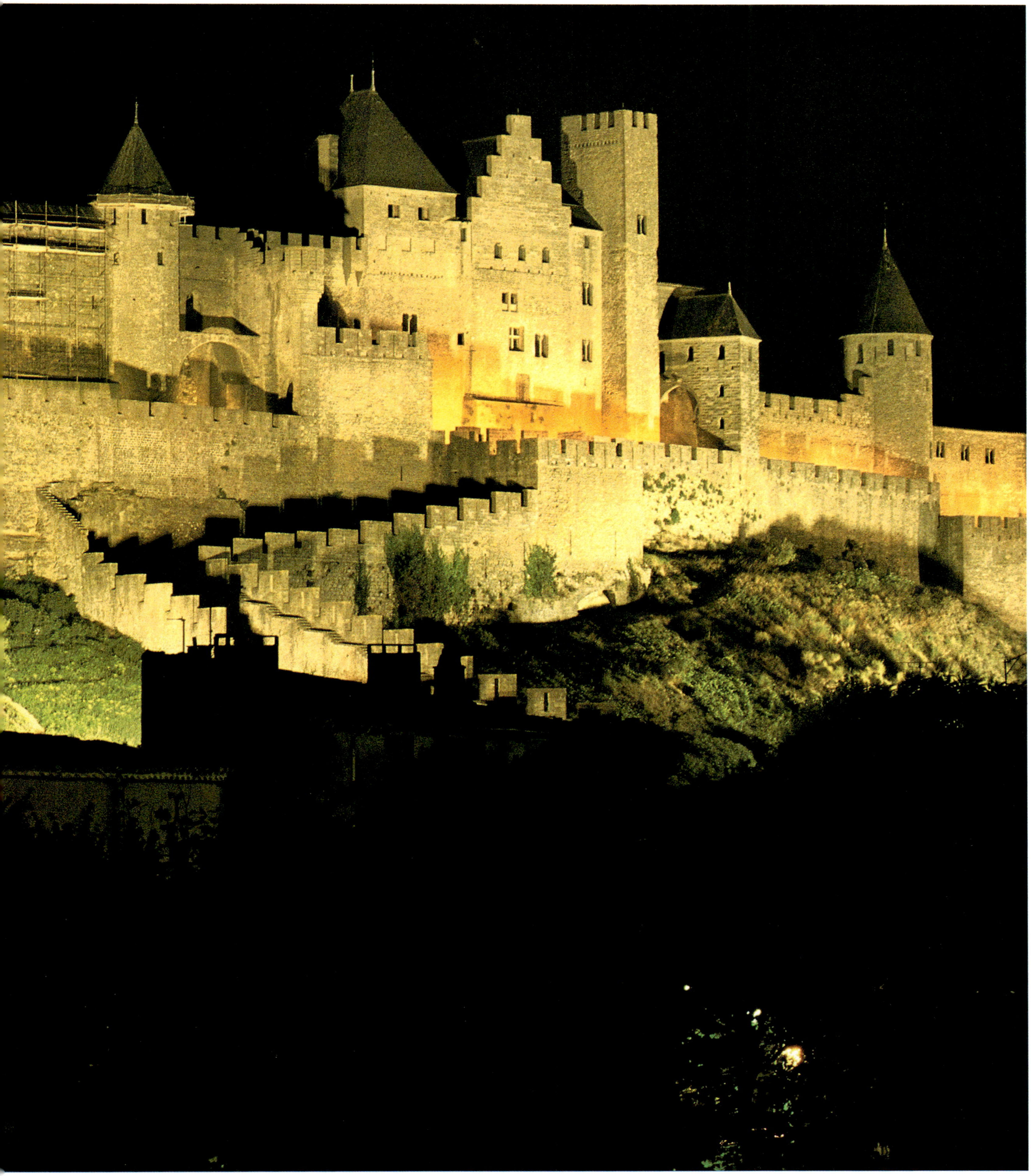

Straßenkünstler auf der Place de la République in Arles. Sein Motiv ist das im 17. Jahrhundert erbaute Rathaus und der 15 Meter hohe ägyptische Obelisk, der im Amphitheater der Stadt gefunden und schon 1676 hier aufgestellt worden ist.

Die Maison Carrée in Nîmes, ein fast vollständig erhaltenes Baudenkmal aus der Römerzeit. Dieser von Agrippa, dem Schwager des Kaisers Augustus errichtete Tempel gilt als das bedeutendste Beispiel eines römischen Podiumtempels in Südfrankreich.

Das Kartäuserkloster Val-de-Bénédiction in Villeneuve-lès-Avignon aus dem 14. Jahrhundert. Seine Gründung war ein Geschenk von Papst Innozenz VI. an den Ordensgeneral der Kartäuser, Jean Birel, der zu seinen Gunsten auf die Papstwürde verzichtet hatte.

Flamenco und Gitarrenrhythmen erklingen auf den Festen der Zigeunerwallfahrt zur «Schwarzen Madonna» bei Les Saintes-Maries-de-la-Mer im Mai und Oktober. Ein Ereignis, zu dem Zigeuner aus ganz Frankreich, Portugal und Spanien anreisen, und dessen Prozessionen, Tänze, Stierkämpfe und Pferderennen Touristen aus aller Welt in die Camargue locken.

Trompeter kündigen den nächsten Kampf an. Bis zum letzten Platz ist die gewaltige Arena von Nîmes gefüllt, wenn eine Corrida stattfindet, ein Stierkampf nach spanischem Muster. Das römische Amphitheater gehört zu den besterhaltenen Bauwerken dieser Art.

Prozession zu Ehren der Zigeunerheiligen Sara in Les Saintes-Maries-de-la-Mer. Der Legende nach sollen Maria Jacobaea, Maria Salome und Maria Magdalena auf ihrer Flucht aus Palästina hierher von ihrer treuen Dienerin Sara begleitet worden sein, einer Zigeunerin, die auf wundersame Weise über das Wasser gehen konnte.

Nächste Doppelseite: Wie vergoldet leuchten die Bogenreihen des Pont-du-Gard im Licht der Abendsonne. Dieser gewaltige, dreigeschossige Aquädukt war Teil der Wasserleitung, mit der die Römer das Quellwasser der Cevennen nach Nîmes führten.

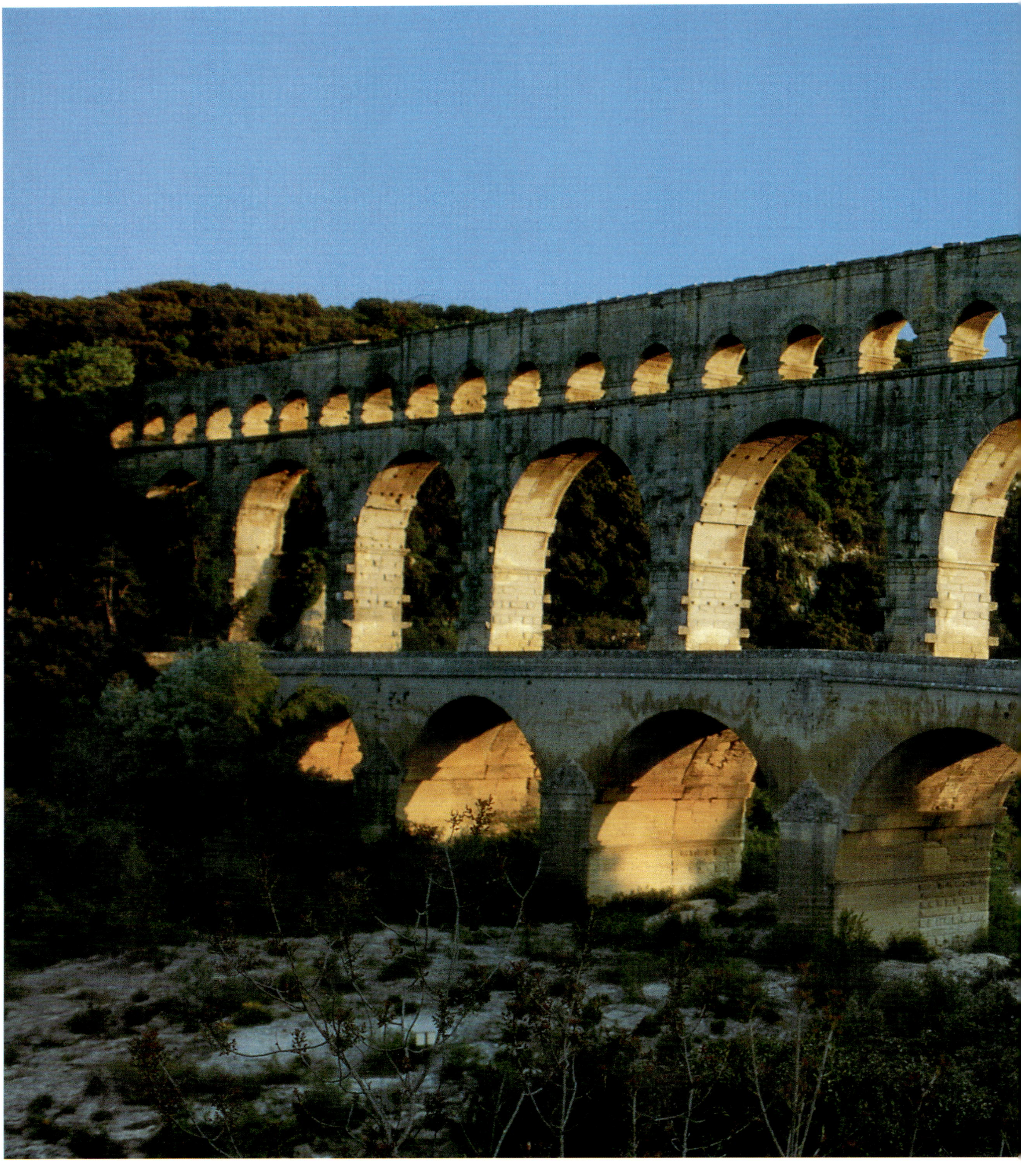

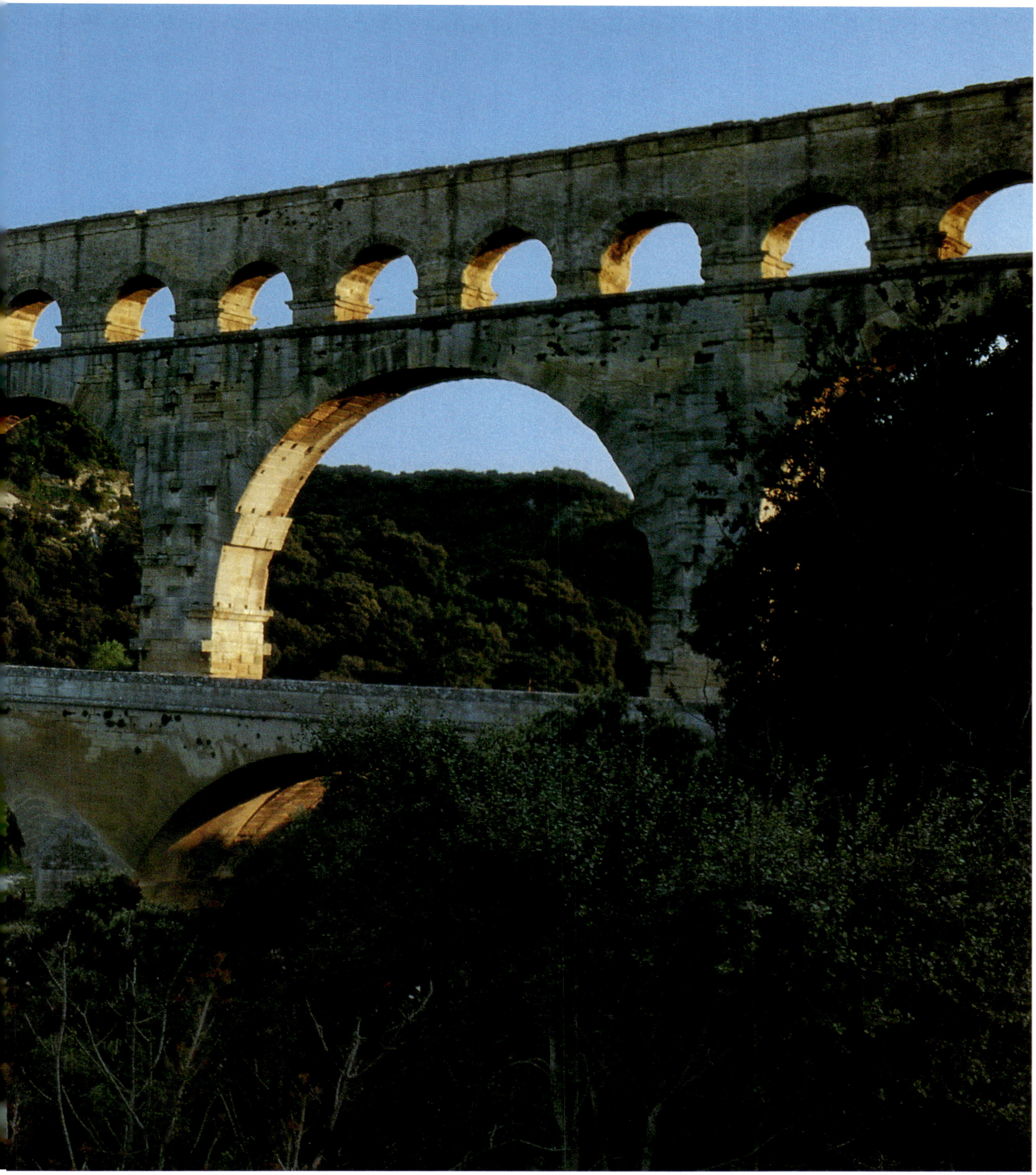

Entreveaux, der einstige Grenzort des französischen Königreichs im bergigen Hinterland der Côte d'Azur. 1695 wurde das Dorf nach Plänen des berühmten Militärarchitekten Vauban zu einer Festung ausgebaut.

Provenzalische Landschaft bei Puy Loubier am Fuß der Montagne Sainte-Victoire. Zum Schutz gegen den Mistral, den rauhen, aus nördlicher Richtung wehenden Fallwind sind die Weingärten, Maulbeer- und Ölbaumkulturen von Zypressen und Steinwällen umgeben.

Im Hinterland der Côte d'Azur thront das mittelalterliche Städtchen Saint-Paul-de-Vence auf einem Hügel inmitten üppiger Pflanzungen und Gärten. Der in den zwanziger Jahren von den Malern Paul Signac, Amedeo Modigliani und Pierre Bonnard entdeckte Ort blieb durch die Gründung des Museums der Fondation Maeght im Jahr 1964 bis heute eine Heimstatt moderner Kunst.

Einer der bekanntesten Sonnenstrände der Côte d'Azur liegt direkt an der Prachtstraße Boulevard de la Croisette in Cannes mit ihren pompösen Prunkbauten und Luxushotels: Im Hintergrund das um die Jahrhundertwende erbaute Carlton Hotel, auch heute noch eine erste Adresse der Stadt.

Das berühmte Hotel Negresco in Nizza. Um die Jahrhundertwende verbrachte eine exklusive Gästeschar den gesamten Winter hier; heute bleiben die Touristen meist nur noch wenige Tage, um das luxuriöse Flair jener Jahre zu genießen.

An der Promenade des Anglais in Nizza. Die Strandpromenade wurde nach den ersten Touristen am Ort benannt, englischen Familien, die 1824 ihren Bau angeregt hatten.

Nächste Doppelseite: «L'heure bleue», der frühe Abend in Saint-Tropez. Das einstige Fischerdorf hat immerwährende Hochsaison, seitdem es von zahlreichen Prominenten zum Wohn- und Ferienort erkoren wurde.

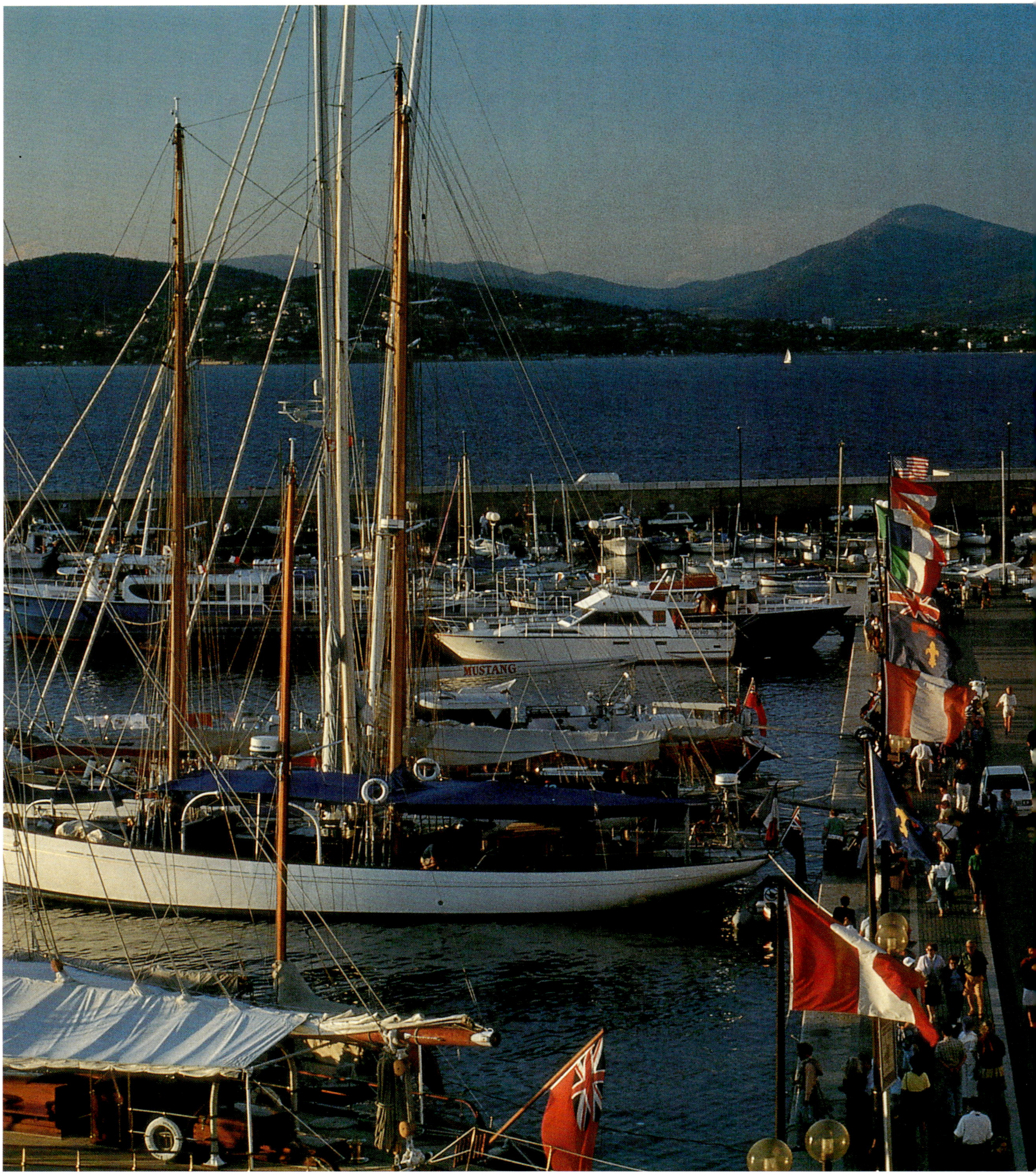
MUSTANG

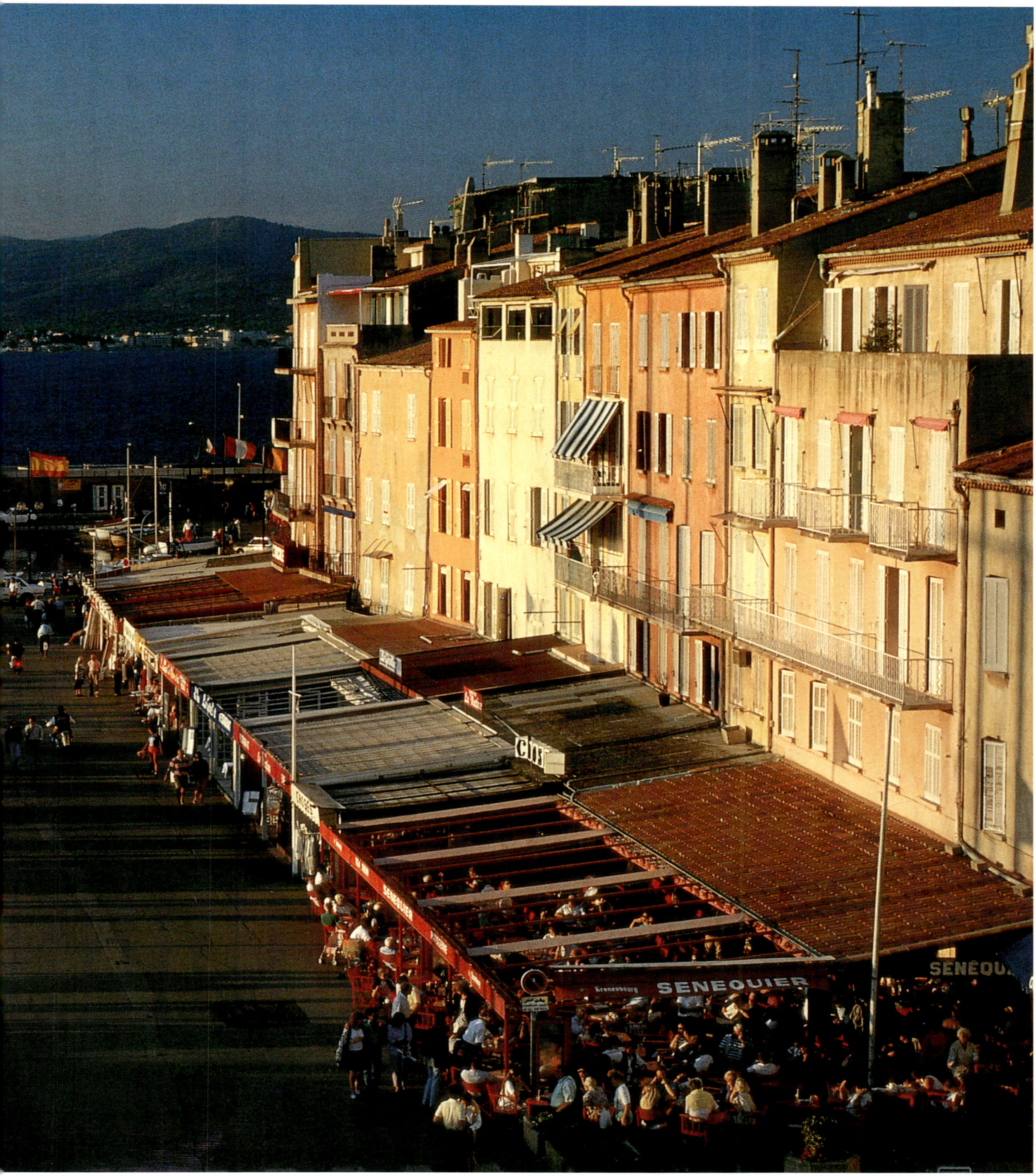
SENEQUIER

Tropisches Ambiente umfängt den Besucher des Musée des Beaux-Arts Jules Chéret in Nizza. Die ab 1878 erbaute klassizistische Villa, in der die umfangreichen Sammlungen untergebracht sind, war einst Domizil der ukrainischen Prinzessin Kotschouby.

FRANKREICH IM LICHT: DIE IMPRESSIONISTEN

Im «Figaro», April 1874, konnte man lesen: «... es ist erschreckend zu sehen, wie menschliche Eitelkeit sich bis zur völligen Verrücktheit verirren kann. Versuche einmal, Herrn Pissarro verständlich zu machen, daß Zweige nicht violett sind, daß der Himmel nicht die Farbe frischer Butter hat, daß man in keinem Land der Erde die Dinge zu sehen bekommt, die er malt ...» Der Fall ist in die Kunstgeschichte eingegangen, vor allem deshalb, weil der Kritiker des «Figaro» nur Sprachrohr des allgemeinen Hohns war, mit dem die erste gemeinsame Ausstellung der Impressionisten niedergemacht wurde. Kann man ein eklatanteres Beispiel finden, wie sehr Kunstkenner oder Leute, die sich so nennen, von ihren Sehgewohnheiten abhängig sind?

Betroffen waren mit anderen Cézanne, Degas, Monet, Berthe Morisot, Pissarro, Renoir und Sisley – lauter junge Künstler ohne Chancen im offiziellen Pariser «Salon». Der Fotograf Nadar stellte ihnen die Wände seines Ateliers zur Verfügung, und dort wurde auch das Bild gezeigt, das Claude Monet eines Morgens von seinem Fenster am Hafen von Le Havre aus gemalt hatte: ein Sonnenaufgang, dem er den Titel «Impression, soleil levant» gab. «Impressionisten» nannte man danach die ganze Malerclique, und auch das war als Schimpfwort gemeint.

Die Sehgewohnheiten haben sich schon öfters geändert seither, aber den Impressionisten bleibt der Platz im Himmel der Kunst gewiß. Ihren Bildern ist eine – gar nicht geheime – Modernität eigen, sie wurden zu Stammvätern von Kunstrichtungen in der Mitte des 20. Jahrhunderts, des Informel und des Tachismus. Zugleich bleiben diese Gemälde mit ihrer Lichtfülle, ihren gegenstandslosen Farbflecken und farbigen Schatten einzigartige Zeugnisse einer Kunstepoche, die wie keine andere dem schönen, immer wechselnden Augenschein der Dinge und ihrer Atmosphäre auf der Spur war.

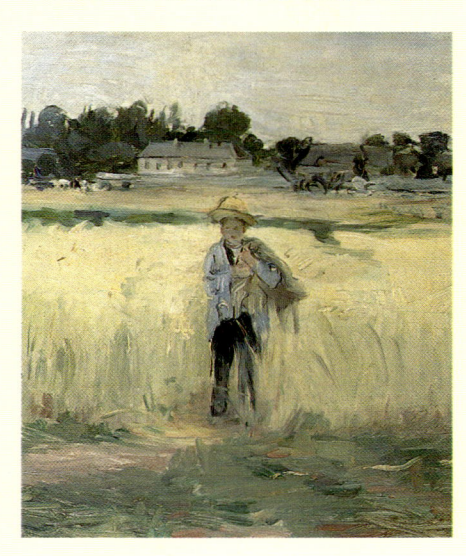

Über Monet hat Cézanne gesagt: «Monet ist nur ein Auge, aber mein Gott, was für ein Auge!» In allen Lebens- und Arbeitsgeschichten der Maler des Impressionismus spiegelt sich der Konflikt zwischen Gesellschaft und Kunst, zwischen Konvention und neuer Wahrnehmungskraft. Monet, der Revolutionär des Sehens, hat lange genug gelebt, 86 Jahre lang, um auch den Ruhm noch zu erleben; er überlebte fast alle Generationsgenossen und wurde zum «Impressionisten par excellence». Monet war schon ein Dreißiger, als ihn der Frust des Mißerfolges fast das Leben kostete: «Ich war gestern so außer Fassung», schrieb er dem Freund Bazille, «daß ich die Dummheit beging, mich ins Wasser zu stürzen. Glücklicherweise ist nichts Schlimmes dabei herausgekommen.» In Giverny nordwestlich von Paris, das Monet sich 1883 als Wohnort wählte, malte er in der Abgeschiedenheit eines selbstgeschaffenen Gartenreichs. Hier entstanden die meditativen Bildserien der «Seerosen», das meisterliche Spätwerk.

Sie wollen etwas von der Ära des Impressionismus mit eigenen Augen sehen, nicht nur die Gemälde in den Museen, sondern die Lebenswelt der Maler? Fahren Sie nach Giverny, von April bis Oktober stehen dort Atelier und Garten Besuchern offen.

Michael Neumann-Adrian

Berthe Morisot (1841–1895), «Dans les blés» (um 1875, Musée d'Orsay, Paris).

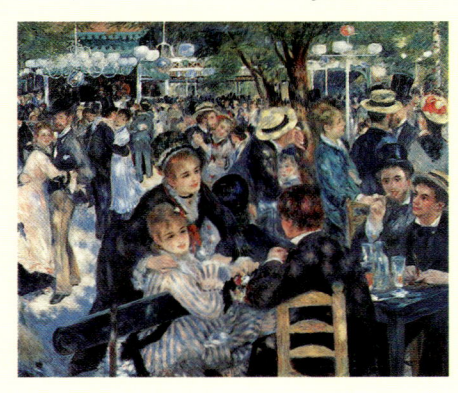

«Le Moulin de la Galette» von Auguste Renoir (1876, Musée d'Orsay, Paris).

«Les Nuages», eines der neunzehn Bilder des berühmten «Seerosen-Zyklus» von Claude Monet (1914/18, Musée de l'Orangerie, Paris).

klugen Politikerin und Förderin der Künste. Das Langhaus mit seinen vier so ungewöhnlichen Kuppeln diente im 19. Jahrhundert als Schlaftrakt des Gefängnisses, das in der Abtei untergebracht war. Die 1099 gegründete Abtei beherbergte mehrere Klöster, für Männer wie für Frauen. Die Leitung aber lag nach einer alten Regel stets in der Hand einer Frau: Alle Äbtissinnen waren hoher Abstammung, Adlige und Prinzessinnen. Über den großzügigen Kreuzgang gelangt man in den Kapitelsaal. Graziös und schwungvoll spannen sich die Rippen des straffen Gewölbes. An die südliche Galerie schließt sich das Refektorium aus dem 15. Jahrhundert mit einer Renaissance-Treppe an. Erst im vorigen Jahrhundert klärte man die lange rätselhafte Funktion eines ursprünglich separat stehenden Gebäudes, das wie ein sakraler Zentralbau mit Kapellenkranz wirkt. Es handelte sich um eine raffiniert konstruierte Küche mit Kochnischen, zahlreichen Rauchabzügen und großem Arbeitstisch in der Mitte, in der an acht Kochstellen das Essen für 500 Personen zubereitet wurde!

Honfleur ⑭. Schmal, hoch, eng aneinandergedrängt stehen die Häuser am Hafen, als ob sie nicht nur dem Meer mit seinen Unbilden, sondern auch dem übers Wasser kommenden Feind die Stirn bieten wollten. In der Tat gab es viele Auseinandersetzungen mit den Engländern, die während des Hundertjährigen Krieges die Stadt besetzten. Dabei wurde die alte Pfarrkirche zerstört. Als Provisorium errichtete man eine Holzkirche auf steinernem Fundament – sie steht noch heute und ist ein seltenes Zeugnis der ehedem in der Normandie weit verbreiteten Holzbauweise.

Die malerischen Hafenbecken mit den farbenfrohen Booten und dem Wald von Masten, die blaugrauen Dächer vor dem Hintergrund der sanften Hügel der Côte de Grâce und das Meer in seinem unendlichen Farbenspiel haben Maler wie William Turner oder Claude Monet gelockt.

Ganz links: Das Küchenhaus der Benediktinerabtei Fontevraud.

Oben: Die Altstadt von Bastia.

Links: Napoleon-Standbild auf der Place Saint-Nicolas in Bastia.

Rechts: Straßencafé auf der Place Bellecour, dem schönsten Platz von Lyon.

Ganz rechts: Die Place du Théâtre in Lille, die vom Turm der Neuen Börse überragt wird.

Korsika ⑮. Das Faszinierendste an Korsika ist seine einzigartige Natur. Bis zu 2700 Meter steigt die «Île de Beauté», die Insel der Schönheit, aus der blauen oder silbern glitzernden Meeresfläche auf. Allgegenwärtig sind die Berge, die bis ins Frühjahr von schneebedeckten Gipfeln gekrönt sind. An der Ostseite der 183 Kilometer langen Insel reift Wein, die Westküste ist zerklüftet und streckt felsige Finger ins Mittelmeer hinaus. Die Kraft des Meeres ist deutlich zu sehen in Bonifacio, im Mittelalter ein Zufluchtsort für Piraten. Die Klippen aus Sandstein, auf denen die Stadt gebaut ist, werden von der Brandung ausgewaschen und brechen weg. Weite Teile der Insel sind bewachsen mit dem *Maquis*, dem duftenden Buschdickicht – leider kommt es häufig zu Waldbränden. Alpine Vegetation wechselt mit Hainen von Olivenbäumen und Korkeichen, Walnuß- und Maronenwäldern, Eukalyptus und Palmen, es gedeihen Orangen und Feigen. Ehre und Würde gelten den stolzen Menschen als unabdingbare Werte. Die *Vendetta*, die Blutrache, mit der sich Familien befehdeten, hielt jahrhundertelang die Menschen in Angst und Schrecken. Korsikas Geschichte ist eine Folge von Invasionen und Fremdherrschaften, von den Griechen über die Römer zu den Sarazenen. Von der Herrschaft der Pisaner im Mittelalter zeugen zahlreiche romanische Kirchen (*San Michele* in Murato, *La Canonica* südlich von Bastia). In den folgenden 500 Jahren bauten die Genuesen Befestigungsanlagen, Zitadellen, Brücken (Porto Vecchio, Calvi). Nach ersten Kämpfen um seine Unabhängigkeit wurde Korsika französisch, mit kurzem englischen Intermezzo. Der berühmteste Korse war Napoleon. Sein Geburtshaus in Ajaccio, der kaiserlichen Stadt am geschwungenen Golf, ist heute Museum. Von frühen keltischen Kulturen zeugen die erst in jüngerer Zeit entdeckten Menhire und Dolmen. Besonders eindrucksvoll ist die Kultstätte bei Filitosa: In den Stein gehauene Gesichter machen die Menhire zu menschlichen Figuren.

La Rochelle ⑯. Der Atlantik prägt das Leben in dieser Stadt. Zwei wuchtige Wehrtürme aus dem 14. Jahrhundert flankieren die Hafeneinfahrt, und beim Eingang in die Stadt muß der vom Alten Hafen Kommende die imposante *Porte de la Grosse-Horloge* (13. Jahrhundert) passieren. Die Weite des Meeres und die Offenheit des Horizontes haben die Menschen und ihre Mentalität bestimmt – La Rochelle war lange Zeit eine protestantische Enklave im katholischen Frankreich, bis dieser Widerspruchsgeist Anfang des 17. Jahrhunderts mit einer langen Belagerung gebrochen wurde. Selbstbewußten Bürgersinn spiegelt das schönste Bauwerk der Stadt wider, das *Hôtel de Ville* (Rathaus), mit dessen Bau im Jahr 1544 begonnen wurde. Seine prächtige Fassade findet eine elegante Entsprechung im Innenhof, der an einen italienischen Palazzo erinnert. Der geschäftige Marktplatz ist gesäumt von Fachwerkhäusern. In den Straßen bieten Arkaden Schutz vor Sonne, Wind und Wetter.

Vom Hafen La Rochelle aus wurden weite Teile Kanadas kolonialisiert. Heute liegen vorwiegend Yachten und ein paar bunte Fischerboote vor Anker. Vom neuen Hafen La Pallice fahren Schiffe zu den drei vorgelagerten Inseln: *Île de Ré*, wo die Ruine einer Zisterzienser-Abteikirche steht; *Île d'Aix*, die kleinste Insel, die für Autos gesperrt ist, und die *Île d'Oléron*, vom Festland auch über eine drei Kilometer lange Brücke zu erreichen. Auf den beiden größeren Inseln werden Austern gezüchtet und Salz gewonnen.

Le Puy ⑰. In vulkanischer Landschaft mit längst erloschenen Kegeln ragen die Kathedrale Notre-Dame und der steile Felsen von Le Puy weithin sichtbar aus dem Land. Der Ort muß seit je die Menschen zum Errichten von Kultstätten inspiriert haben. Immer höher hinauf steigt der Besucher, sieht die stolze Fassade der Wallfahrtskirche (12. Jahrhundert) immer nur weit über sich. Über eine breite Treppe betritt man zunächst die Vorhalle, ehe man vom sakralen Raum aufgenommen wird. Ein kostbares Juwel ist der lichte Kreuzgang: Skulpturierte Kapitelle stehen edel in Kontrast zum leuchtenden Grün des grasbewachsenen Gevierts. Der *Rocher Saint-Michel* ist ein schroff aufragender Felsen, an dessen Fuß die kleine Kapelle *Saint-Clair* steht. Eine Treppe mit 268 Stufen führt den Berg hinauf zur Kirche *Saint-Michel d'Aiguilhe*, die Ende des 11. Jahrhunderts wahrscheinlich anstelle eines Merkurtempels errichtet wurde. Orientalisch mutet die Fassade an durch verschiedenfarbige Steine und reichen Ornamentschmuck – ein Exotikum, ähnlich wie das bizarre Vulkanland selbst. Die Stadt ist eine der malerischsten des Landes, lokale Traditionen haben sich lange gehalten, so die alte Kunst der Spitzenklöppelei – heute ein begehrtes Souvenir.

Marseille ⑱. Seiner Lage an einer Bucht des Mittelmeeres verdankt Marseille fast alles – seine Gründung durch die Griechen, die es Massalia nannten (römisch Massilia), seinen Charakter als Hafenstadt, seinen Ruf als Tor zum Osten, als Scharnier zwischen Kulturen und Handelsnationen des Mittelmeerraumes. Altes Zentrum ist der *Vieux Port*, heute Yachthafen, dessen Zufahrt zwei alte Forts bewachen. Der Anblick dieses Gewirrs von Booten und Masten läßt sich prächtig genießen bei einem Teller *Bouillabaisse*, der berühmten Fischsuppe, die in den Restaurants am Kai serviert wird. An der Stelle der römischen Docks lädt das *Musée des Docks Romains* zu einer Reise in die Vergangenheit ein. Neben der kleinen romanischen Kathedrale *La Major* steht die mächtige neue Kathedrale im neobyzantinisch-romanischen Stil, Sinnbild für den neuen Aufschwung, den Marseille nach dem Bau des Suez-Kanals Mitte des 19. Jahrhunderts erlebte. Aus jener Zeit des neuen Reichtums stammt auch die Kirche *Notre-Dame de la Garde* auf einem Hügel südlich des Hafens. Von ihrer steinernen Terrasse hat man den schönsten Blick auf Stadt, Hafen, Küste, Meer. Die berühmte Straße *La Canebière* führt vom Alten Hafen ins pulsierende Geschäftsleben der Stadt. Sie hat ihren Namen angeblich von Cannabis, Hanf, den die Seeleute zum Drehen ihrer Seile und Taue benötigten. Im Stadtviertel *Cité Radieuse* verwirklichte Le Corbusier neue Ideen des Städtebaus. Inzwischen hat seine «strahlende Stadt» begonnen, Rost und Patina anzusetzen.

Am Quai des Belges legen die Ausflugsschiffe ab zum *Château d'If*. Die Festung auf der Marseille vorgelagerten Insel war lange Zeit ein ausbruchsicheres Gefängnis. Durch Alexandre Dumas' Roman «Der Graf von Monte Christo» erlangte es literarischen Ruhm.

Montblanc ⑲. Mit 4807 Metern ist er der höchste Gipfel der Alpen und liegt direkt an der Grenze zu Italien. Ein Dorfarzt aus Chamonix erklomm ihn 1786 zum ersten Mal. Für die anstrengende Besteigung ist die Begleitung eines Bergführers unbedingt anzuraten; zwei Tage muß man dafür einplanen. Chamonix, am Fuße des weißen Massivs, hat sich inzwischen vom kleinen Bergstädtchen zum internationalen Bergsteiger- und Skizentrum mit modernen Hotels und zahlreichen

In der Gipfelwelt des Montblanc-Massivs: Der scharfkantige Eisgrat der Aiguilles du Diable, eine Himmelsleiter zwischen Licht und Schatten.

Fortsetzung Seite 147

Die Stadt Le Puy, Bischofssitz und Wallfahrtsort in den Pyrenäen, wird von der im 10./11. Jahrhundert auf dem Gipfel eines Vulkankegels erbauten Kirche Saint-Michel-d'Aiguilhe überragt. Ein in den Fels geschlagener schmaler Weg mit 268 Stufen führt zu dem faszinierenden Bauwerk hinauf.

Nächste Doppelseite: Burgruine und Städtchen Polignac inmitten sanfter Basaltberge, wie sie für das Massif Central und die «grüne Landschaft», die Auvergne, charakteristisch sind. Diese touristisch noch wenig erschlossene Region in der Mitte Frankreichs bietet mit ihren Naturschutzgebieten, Vulkanseen und zahlreichen Flüssen gute Erholungsmöglichkeiten.

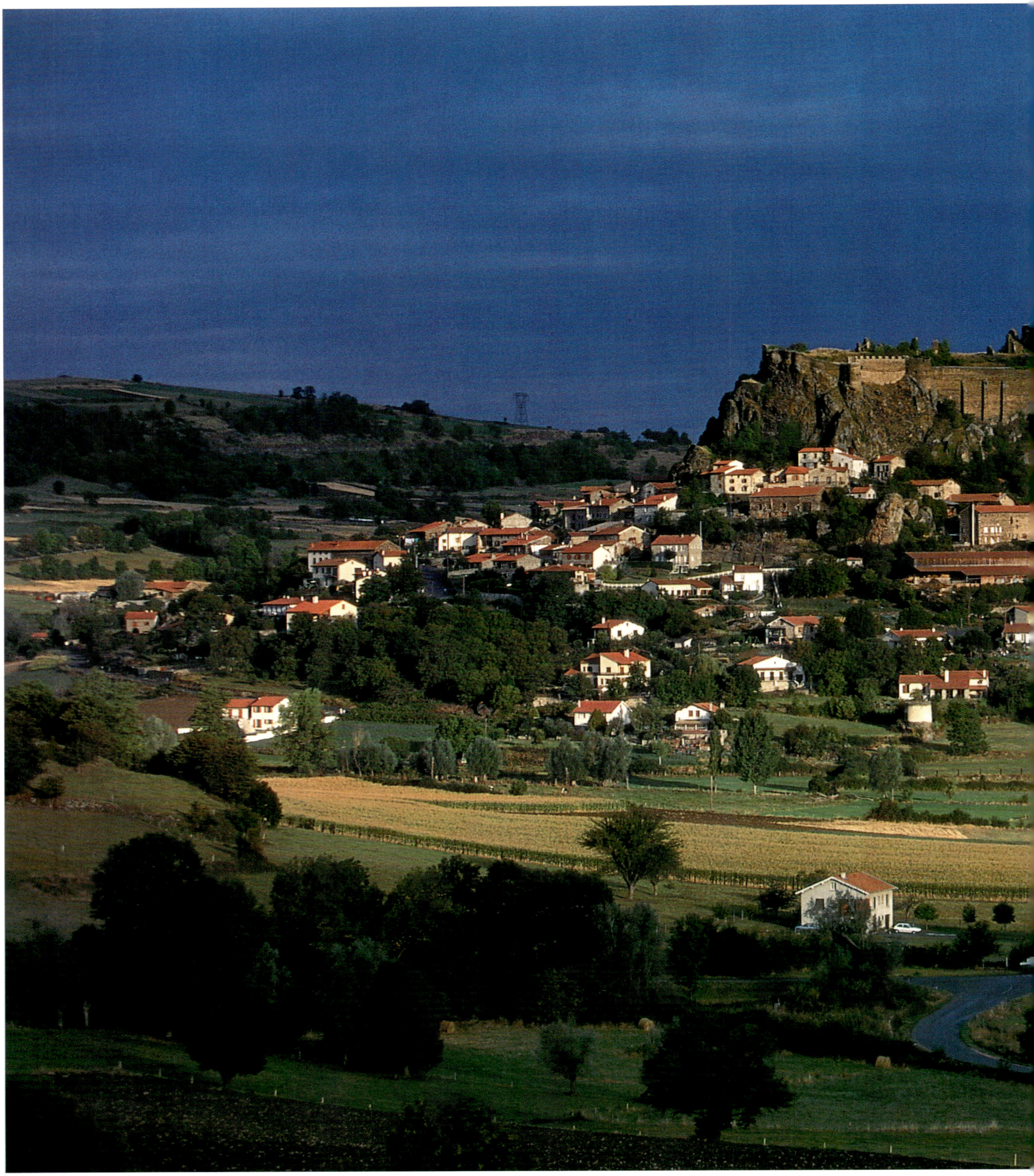

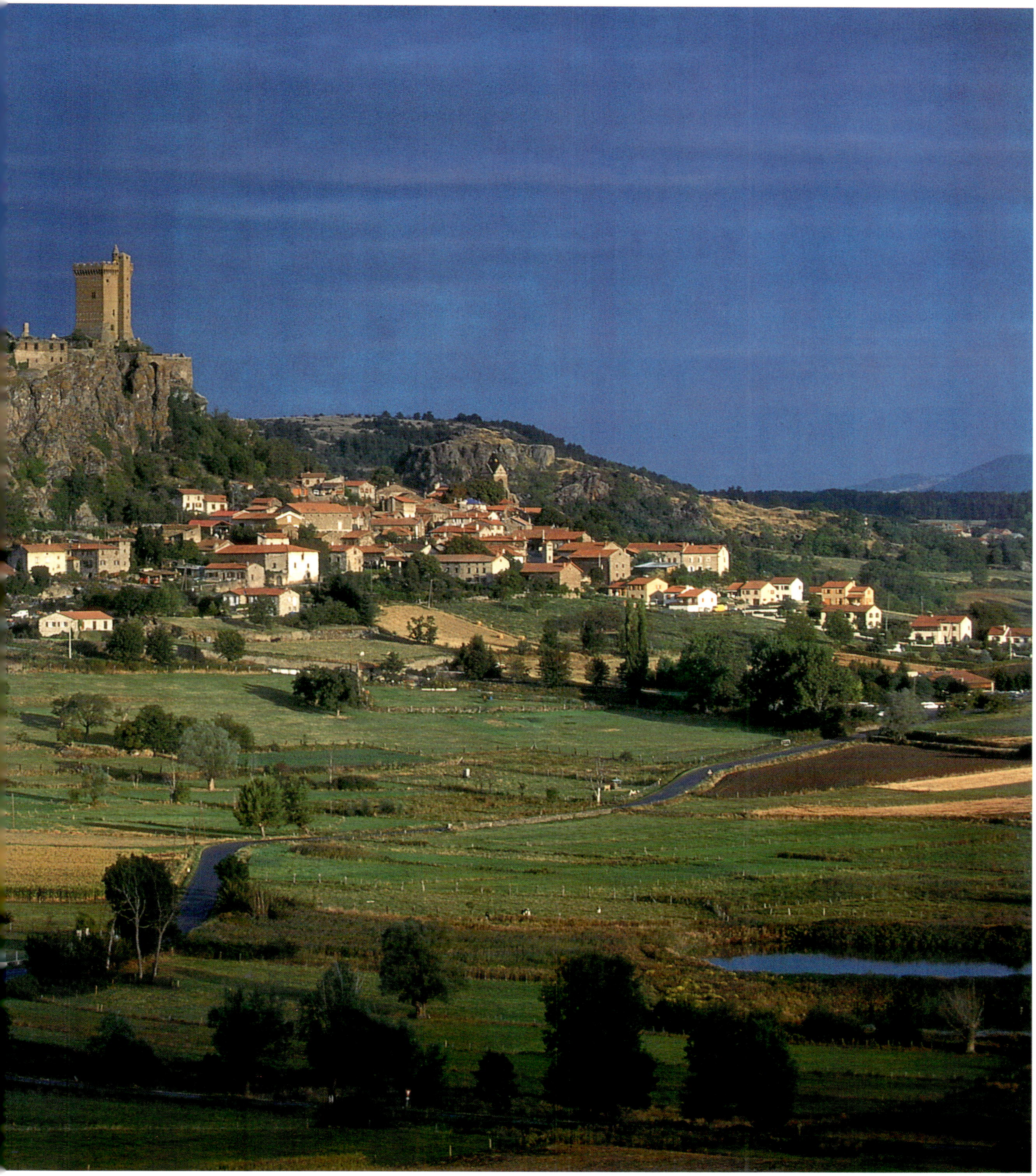

Berühmte Marienskulpturen in Gotteshäusern der Auvergne: Die schlichte, eher strenge Madonna aus dem 12. Jahrhundert (links) befindet sich in der Kirche von Orcival südlich von Clermont-Ferrand, die liebreizende Muttergottes (rechts) in der Kirche Notre-Dame-de-l'Assomption in Clermont-Ferrand.

Das bunte Farbenspiel der Glasfenster taucht den halbdunklen Chorraum der Kirche Notre-Dame du Port mit seinen mit Tier- und Menschendarstellungen geschmückten Kapitellen in mystisches Licht. Diese Basilika in Clermont-Ferrand gehört zu den schönsten Beispielen romanischer Baukunst in der Auvergne.

Die dem heiligen Robert geweihte Kirche der Benediktinerabtei La Chaise-Dieu ist wohl der berühmteste Sakralbau der Auvergne. Zu ihrer wertvollen Innenausstattung gehören unter anderem flämische Tapisserien aus der Renaissancezeit (oben) und ein aus Eichenholz geschnitztes Gestühl (unten).

An den Hängen der Grande Motte (3459 Meter), einem hochalpinen Skigebiet, das von dem Wintersportort Tignes aus mit einer Seilbahn erreichbar ist. Hier kann man auch im Sommer skilaufen oder Hochtouren über die Gletscher des Massif de la Vanoise unternehmen.

Kurze Rast am Rand der Paßstraße auf dem Col de l'Iseran, einem der großen Alpenpässe an der italienisch-französischen Grenze.

Einem visionären Naturgemälde gleicht diese Aufnahme des schon zur Römerzeit ausgebauten Hochpasses Col du Petit-Saint-Bernard in der Montblanc-Region.

Nächste Doppelseite: Der Lac du Chevril im Département Haute-Savoie, dem nördlichen Teil der französischen Alpen. Die auf den ersten Blick fast unberührt wirkende Gebirgslandschaft besitzt eine ausgedehnte technische und touristische Infrastruktur: Der Stausee dient der Energiewirtschaft und in die Bergeshöhen führt eine Stichstraße nach Tignes, einem der modernsten Wintersportorte Frankreichs.

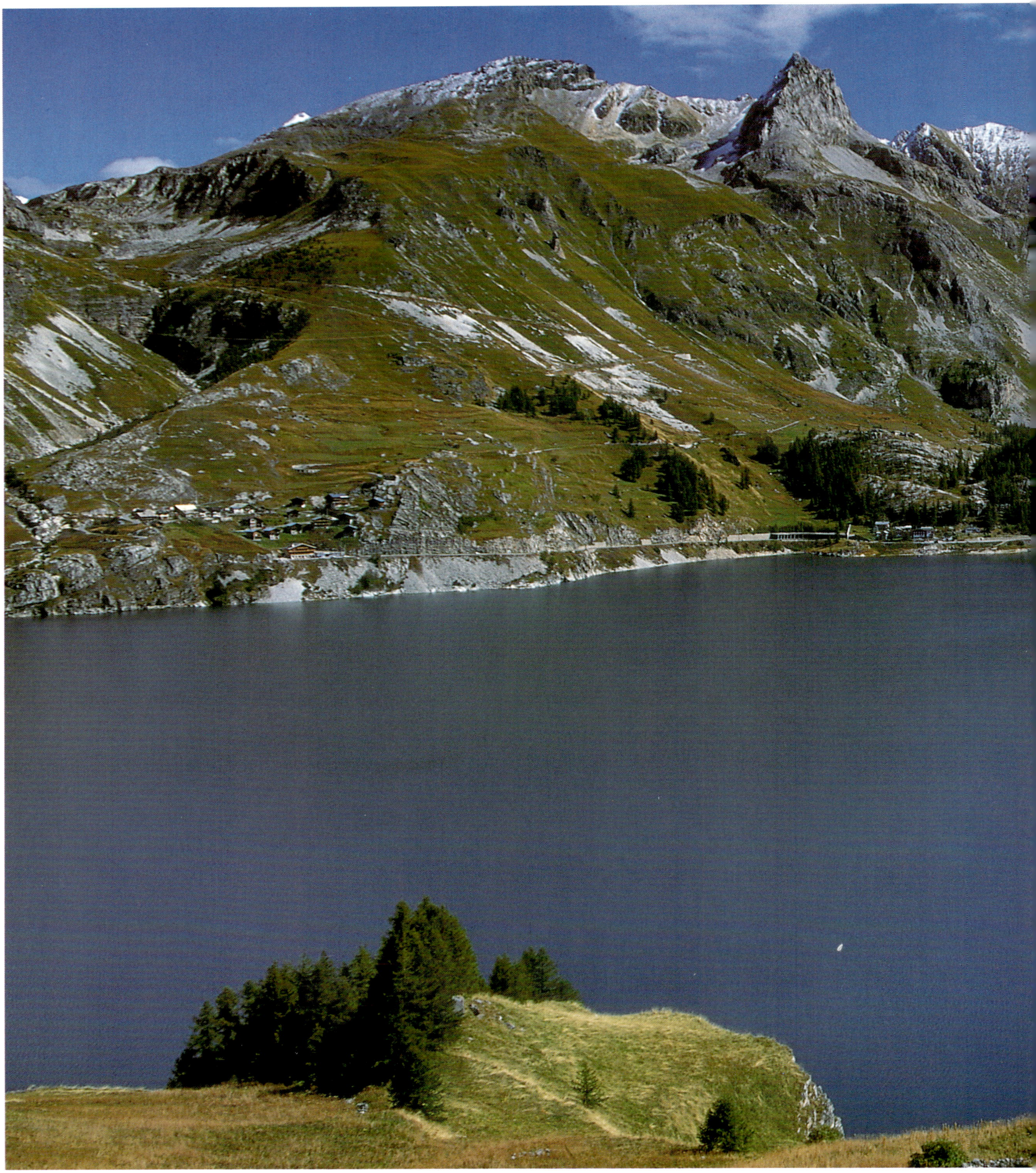

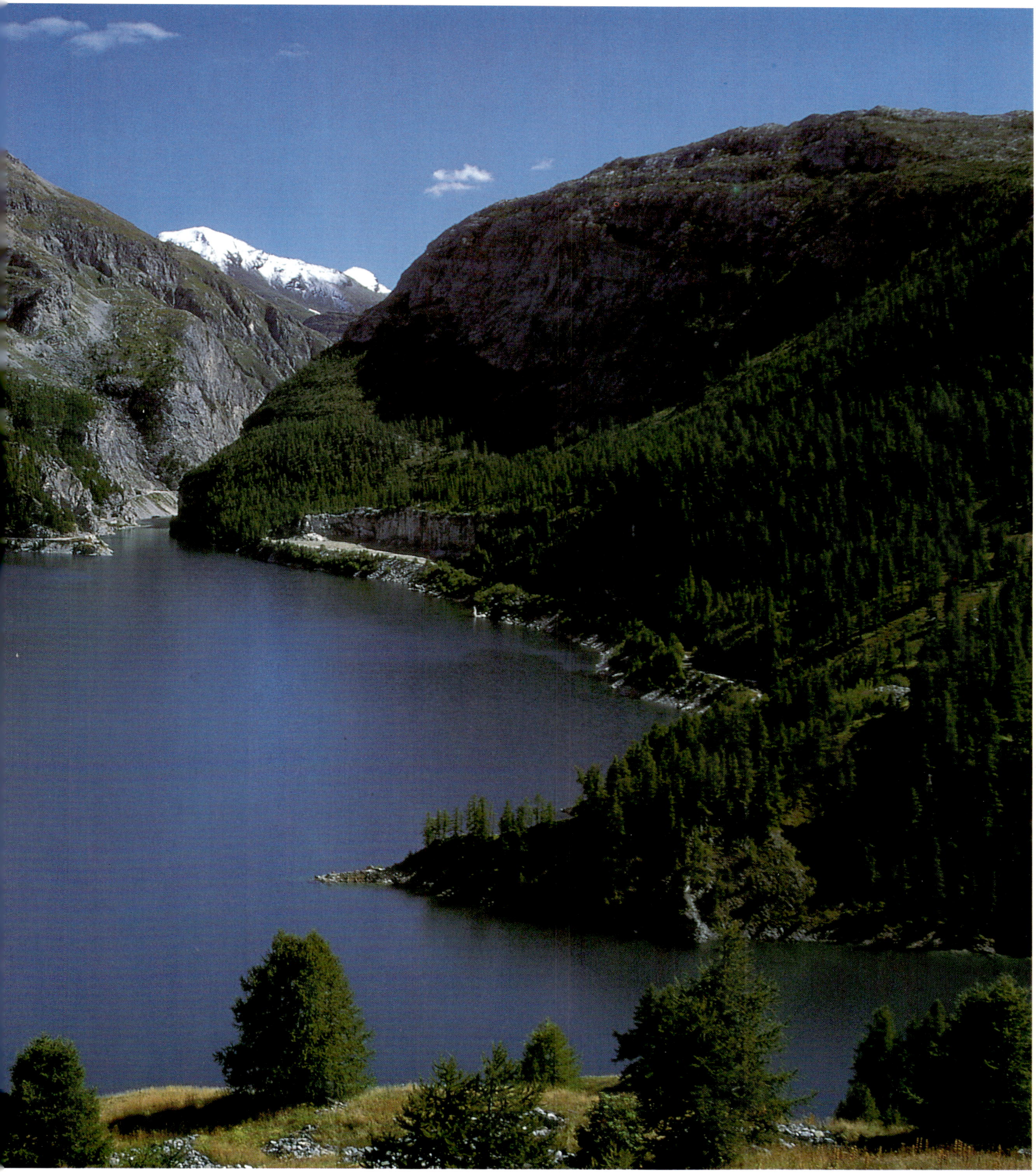

Sommerliche Hochgebirgslandschaft bei Val-d'Isère. Vielfältige Tourenmöglichkeiten für Wanderer und Bergsteiger machen diesen Ort auch im Sommer zu einem attraktiven Reiseziel.

Notre-Dame in Paris. Mit ihrer markanten Silhouette beherrscht die majestätische gotische Kathedrale die Île de la Cité. Ihre monumentale Fassade trägt einen Skulpturenschmuck vom Beginn des 12. Jahrhunderts, das zentrale Rosettenfenster wurde ein Jahrhundert später geschaffen.

Souvenirläden gewandelt. Wer die hochalpine Bergwelt unmittelbar, doch auf bequeme Weise erleben möchte, fährt mit der Bergbahn zur *Aiguille du Midi* (3842 Meter). In luftiger Höhe schwebt er über gleißend weiße Schneemeere – ein unvergeßlicher Anblick.

Mont-Saint-Michel ⑳. Natur und Menschenwerk verschmelzen in der kegelförmigen Silhouette der schroff aus dem Watt aufragenden Insel. Das Felsmassiv, seit 1877 durch einen befahrbaren Deich mit dem Festland verbunden, ist bekrönt von einer befestigten Abtei. Ihre Anfänge gehen zurück auf karolingische Zeit, sehr wahrscheinlich sogar bis zu den Kelten und prähistorischen Kulturen. Das eigenwillige Massiv hat die Menschen immer fasziniert, und sie versuchten, den Berg zu bändigen. Die Geschichte des Wallfahrtsortes ist eine Kette von Eroberungsversuchen (vor allem durch die Engländer), von Belagerungen, Zerstörungen, Bränden, Einstürzen, Umbauten. 1791 verließen die letzten Mönche die Abtei, bis 1863 war sie Staatsgefängnis. Die erste Kirche aus dem 10. Jahrhundert wurde in romanischer Zeit zur Unterkirche eines Neubaus umfunktioniert und heißt seitdem *Notre-Dame-sous-Terre*. Mit mehreren Krypten schuf man für den neuen, romanischen Bau eine größere Grundfläche. Aus gotischer Zeit stammen die klaren, schönen Räume der sogenannten *Merveille*, die *Salle des Hôtes* (Gästesaal), das Refektorium, die *Salle des Chevaliers* (Saal der Ritter) und, als unvergeßliches Erlebnis, der Kreuzgang (erbaut 1225–1228), der sich zur See hin öffnet und den Blick auf Meer und Küste freigibt. Das Meer verleiht dem Mont-Saint-Michel seinen immer wechselnden Reiz – bei Ebbe, wenn er sich aus dem glänzenden Sand erhebt, bei Flut, wenn man ihn mit einem Boot umfahren kann, und – besonders beeindruckend – bei Springflut (jeweils drei Tage nach Vollmond und Neumond), wenn die Wellen tosen und die Gischt weiß spritzt.

Nîmes ㉑. Eines der besterhaltenen römischen Amphitheater steht in Nîmes, das auch das Rom Frankreichs genannt wird; hier erhält man von der Antike einen unmittelbaren Eindruck. Die dazwischenliegenden Epochen bis ins 18./19. Jahrhundert haben nur minimale Spuren hinterlassen, Nîmes war lange Zeit bedeutungslos und wesentlich kleiner als zu Römerzeiten. Das Amphitheater *Les Arènes* besitzt noch beide Arkadenreihen und am oberen Mauerrand die Steine, an denen bei besonderen Anlässen das Sonnensegel (*velum*) befestigt wurde. Heute wird das Oval als Stierkampfarena und Theaterbühne genützt.

Die *Maison Carrée*, ein antiker Tempel am früheren Forum, verdankt ihren vorzüglichen Erhaltungszustand einer wechselvollen Geschichte. Unter Kaiser Augustus mit einer klassischen Front aus Säulen und Giebel errichtet, wurde der Bau später als christliche Kirche benutzt, diente im 16. Jahrhundert als Pferdestall und ist seit dem vorigen Jahrhundert Museum für Fundstücke aus der Antike. Weitere römische Funde sind im *Musée des Antiques* zu sehen. Die *Porte d'Auguste*, ein römisches Stadttor, und die *Tour Magne* sind von der ursprünglichen römischen Stadtmauer übriggeblieben. Sie lassen ahnen, wie groß Nîmes in der Antike war.

Orange ㉒. Zu Zeiten des Kaisers Augustus war Orange eine stattliche römische Provinzstadt mit streng geometrischem Straßenplan und stolzen Bauten. Erhalten sind ein dreibogiges Monumentaltor, das reich mit Skulpturen geschmückt ist, und das hervorragend erhaltene *Théâtre antique*, dessen halbrunde Sitzreihen 10 000 Zuschauer fassen. Die Bühnenwand entsprach mit 103 Metern Länge gerade einem Block im römischen Stadtplan. Die Statue des Kaisers Augustus in einer hochgelegenen Nische wirkt aus der Entfernung lebensgroß. Ausgeklügelte architektonische Details schaffen eine hervorragende Akustik, die man bei den alljährlichen Opernfestspielen im Juli genießen kann.

Paris ㉓. Die Stadt ist nicht nur das politische und wirtschaftliche Haupt, sondern auch das kulturelle und geistige Herz Frankreichs. Auf einer Insel in der Seine, heute *Île de la Cité*, siedelten Kelten vom Stamme der Parisii. Die Römer folgten, für etwa 500 Jahre. Der merowingische König Chlodwig machte 508 Paris zur Hauptstadt des mächtigen Frankenreiches. Im Mittelalter wuchs Paris: Nördlich der Seine siedelten Handwerker und Händler. Am Südufer entstand die Universität, wo man Latein sprach; das *Quartier Latin* ist heute noch das Studentenviertel mit der *Sorbonne*, Buchläden, Cafés. In *Saint-Denis* wurde ab 1136 unter Leitung des Abtes Suger die erste gotische Kathedrale gebaut, ein architektonisches Wunderwerk. Franz I. ließ das Königsschloß, den *Louvre*, umbauen, der heute als Gemäldegalerie berühmt ist: geheimnisvoll, hinter Panzerglas und bewacht, lächelt Leonardos «Mona Lisa». Das Palastensemble wurde ab 1981 durch die aufsehenerregende Glaspyramide des sino-amerikanischen

Der Innenhof des Louvre mit der wirkungsvoll illuminierten gläsernen Pyramidenkonstruktion des sinoamerikanischen Architekten Ieoh Ming Pei. Durch diese eigenwillige neue Eingangshalle gelangt man über ein unterirdisches Foyer, in dem sich Kassen, Informationsstände und Restaurants befinden, zu den Sammlungen (siehe Seite 149).

Schon in der Métro-Station Louvre begegnet der Besucher ersten Exponaten aus Frankreichs berühmtestem Museum. Auch viele andere der Pariser U-Bahnhöfe lohnen wegen ihrer originellen Gestaltung einen Besuch.

PERESTROIKA IM LOUVRE

Zum berühmtesten, vielleicht auch zum reichsten Museum war er längst geworden, aber der Louvre wirkte auch erstarrt, wie erdrückt von der Überfülle des eigenen Reichtums und von der Überzahl seiner Besucher, eine labyrinthische Wucherung in Gängen und Sälen, Treppenhäusern, Galerien, das Pflichtprogramm eines Millionenpublikums, das sich unter vielsprachig lärmender Führung auf schmerzenden Füßen dem Lächeln der Mona Lisa zuschob. Deshalb war auch für den Louvre eine Perestroika fällig: Wenn 1997 der «größte Kulturgütertransport des Jahrhunderts» beendet ist, werden 80 Prozent aller Exponate einen neuen Platz gefunden haben.

Der Louvre erfreut mit einer neuen Übersichtlichkeit – dank der ingeniösen Architektur des Amerikaners chinesischer Herkunft Ieoh Ming Pei. Zwar galt auch für die «Louvre-Perestroika» die historische Bausubstanz selbstverständlich als tabu. Dennoch gelang Pei das Bravourstück, dem Super-Museum ein neues Herz einzupflanzen, ein höchst funktionelles Organ, unterirdisch und lichterfüllt. Kaum fertiggestellt, etablierte sich der Lichtkristall der Pei-Pyramide inmitten der Cour Napoléon zu einem Symbol des modernen Paris. Ebenso unmittelbar kam die praktische Seite des Pei-Konzepts zum Zuge: ein neuer Eingangsbereich, ein großzügiges Servicesystem mit Gastronomie, Postschalter, Informations-, Buch-, Reproduktions- und Replikenangebot, Auditoriumssälen – und das alles unter der Erde.

Außerdem hat das mit Kunst überfüllte Palastmuseum ungeheuer viel Platz gewonnen. Obwohl Frankreichs Finanzministerium schon seit 1876 den Nordflügel des Louvre an der Rue Rivoli («Pavillon Richelieu») als Büroareal nutzte und seine Beamten keinerlei Bereitschaft zeigten, weniger noble Amtsräume zu beziehen, vollbrachte Präsident Mitterrand das scheinbar Unmögliche und quartierte die Ministerialen seineaufwärts in einen Neubau um. Mit den – energisch modernisierten – Räumen des Richelieu-Flügels und dem Umbau der Denon- und Sully-Flügel wird sich bis zum Abschluß des «Grand Projet Louvre» die Ausstellungsfläche auf insgesamt 60 000 Quadratmeter verdoppeln. Nur zum Vergleich: Die Gemäldegalerie Berlin-Dahlem hat ganze 3160 Quadratmeter vorzuweisen.

Der nun als «Grand Louvre» firmierende Museumskomplex wird auch in Zukunft beides sein: elitär und demokratisch, nämlich elitär als Versammlung von

Durch die gläserne Pyramide im Innenhof (ganz oben) kommt man in den Richelieu-Flügel: Der Saal «Flämische Maler» (oben); der Saal Suger in der Abteilung Kunsthandwerk (unten).

höchstrangigen Meisterwerken aus allen Epochen der vorderorientalischen und ägyptischen, der mediterran-antiken und der europäischen Kulturen bis in die Ära der Französischen Revolution. Und demokratisch in seiner Öffnung für jedermann – so wie es die Wortführer der Aufklärung gefordert und wie es die Revolutionäre 1793 dann mit der Gründung des Louvre verwirklicht hatten.

Was übrigens den «größten Kulturgütertransport» betrifft: Schon 1940, vor der Besetzung von Paris durch die deutschen Truppen, war ein Großteil der Louvre-Kunstwerke verfrachtet worden, nach Südfrankreich. Nie wurden soviele Gemälde und Skulpturen auf Fluchttransport geschickt wie im Zweiten Weltkrieg.

Michael Neumann-Adrian

Architekten Ieoh Ming Pei erweitert. Ludwig XIV. errichtete Monumentalbauten wie das *Hôtel des Invalides*. Die Französische Revolution ging aus von Paris, der Hauptstadt eines zentralistischen Staates. Unter Napoleon wurde Paris Mittelpunkt Europas. Mit dem *Arc de Triomphe* auf der *Place Charles-de-Gaulle* setzte er sich selbst ein Denkmal. Im 19. Jahrhundert wurde Paris zum blühenden Zentrum für Kunst, Literatur, Wissenschaft und feine Lebensart. Aus dem Mittelalter erhaltene, enge, überbevölkerte Armenviertel, Herde von Aufruhr und Seuchen, wurden unter Napoleon III. von seinem Stadtpräfekten Haussmann wegsaniert. Es entstanden Plätze, Parks, breite Avenues und großzügige Boulevards mit stolzen Fassaden großer Bürgerhäuser. Die Eisenbahn hielt Einzug. Paris wurde moderne Metropole. Diese Bestrebungen setzte in den siebziger Jahren unseres Jahrhunderts Präsident Pompidou fort mit dem neuen Freizeitpark *La Villette*, der anstelle des alten Schlachthofs entstand. Die alten Markthallen, *Les Halles*, ließ er abreißen und schuf das bunte Ausstellungszentrum *Centre Beaubourg*. 1989 weihte sein Nachfolger, Präsident Mitterrand, das hypermoderne Büro- und Geschäftsviertel *La Défense* ein. In weißem Carrara-Marmor leuchtet der 110 Meter hohe Triumphbogen *La Grande Arche*, der in einer Achse steht mit dem Louvre, den *Champs-Élysées*, dem Arc de Triomphe. Mutige bauliche Veränderungen waren auch die Konstruktion des *Eiffelturms* zur Weltausstellung 1889, die Umwandlung eines Bahnhofs in ein Kunstmuseum, das *Musée d'Orsay*, das seit 1986 die Impressionisten beherbergt, und die Errichtung der 1990 eröffneten Opéra National de Paris (*Opéra de la Bastille*). Der Kunstinteressierte wird sich das *Musée Picasso* nicht entgehen lassen, das *Musée Marmottan* und den *Montmartre* mit der Kirche *Sacré-Cœur*, wo einst Künstler und Bohemiens lebten.

Poitiers ㉔. Im Mittelalter, seiner Blütezeit, besaß Poitiers über 70 Kirchen. Heute sind es viel weniger, doch hat sich die Stadt in vielem ihren mittelalterlichen Charakter bewahrt, nicht zuletzt durch den Dornröschenschlaf, in den sie im 16. Jahrhundert nach den Religionskriegen fiel. Die Grafen

Die historischen Markthallen von Paris, Les Halles Centrales, von Victor Baltard von 1854 bis 1870 erbaut, vor der Kirche Saint-Éustache. Der «Bauch von Paris», wie Émile Zola die gußeisernen Pavillons genannt hatte, wurde bis 1971 vollständig abgerissen. Heute befindet sich an seiner Stelle das moderne Einkaufszentrum Forum des Halles (Foto, um 1900).

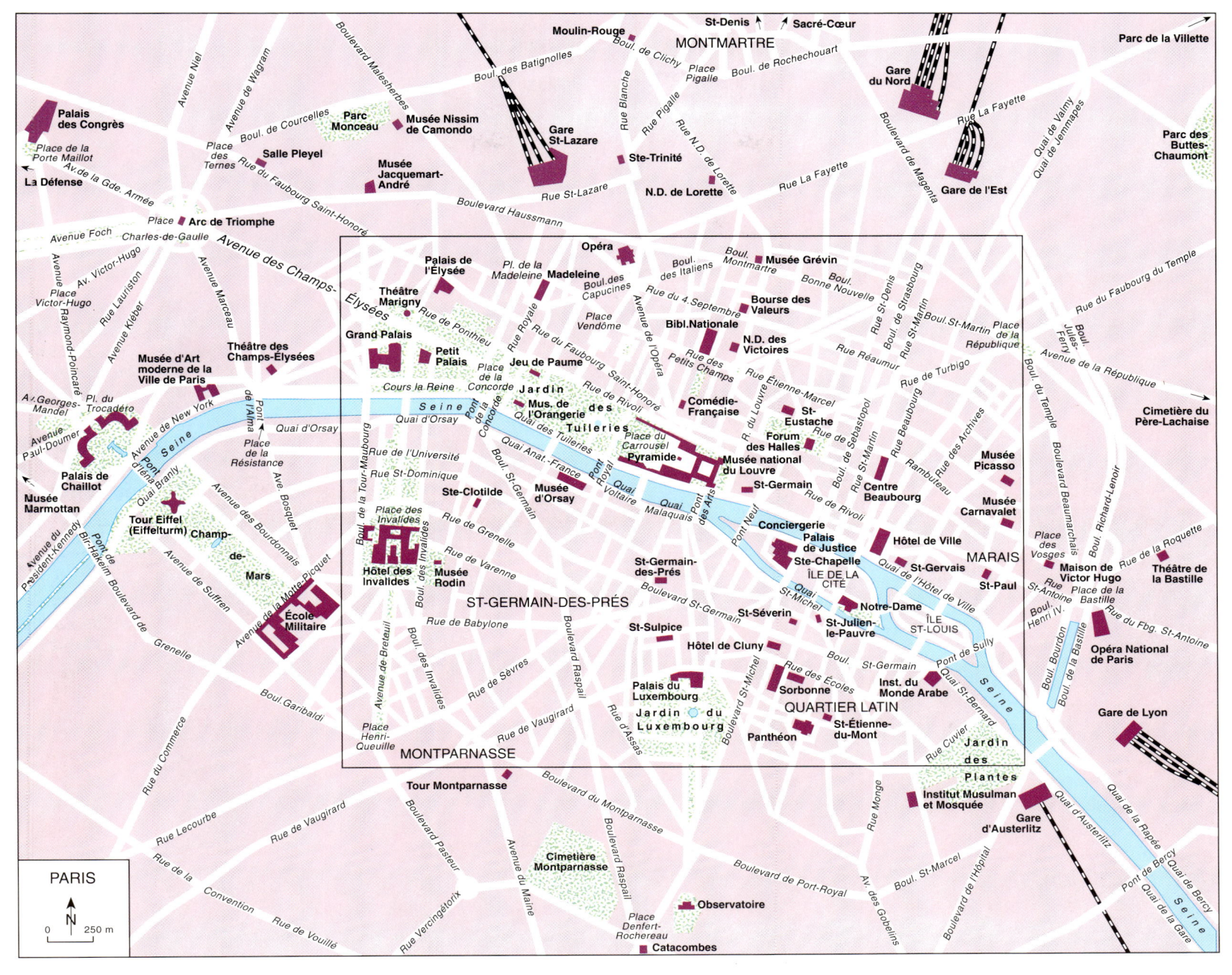

von Poitou residierten in einem prächtigen Schloß, dessen Reste in den Bau des *Palais de Justice* integriert wurden. Die grauen, blauschimmernden Schieferdächer des Nordens mischen sich mit den roten Ziegeldächern des Südens. Diese Gelenkfunktion zwischen verschiedenen Kulturen ist alt in Poitiers. Im Jahr 732 schlug Karl Martell hier die Araber und stoppte damit das Vordringen des Islam in Europa. Die Kathedrale *Saint-Pierre* (Baubeginn 1166) mit ihrer ausladenden Fassade überrascht im Innern mit riesigen Ausmaßen. Hoch aufstrebende gotische Pfeiler tragen das 27 Meter hohe Gewölbe. Das geschnitzte Chorgestühl ist das älteste seiner Art in Frankreich. Ganz anders die eher kleine romanische Kirche *Notre-Dame-la-Grande* mit ihrer ungewöhnlich reich verzierten Fassade. Ornamente und Figuren erzählen lebhaft und voll faszinierender Details. Die zwei Flankentürme mit ihren geschuppten Kegeldächern halten dies unruhige Leben in den Skulpturen zusammen. Das Baptisterium *Saint-Jean* liegt ein paar Stufen tiefer als das heutige Bodenniveau. Es stammt aus dem 4. Jahrhundert, wurde im 7. Jahrhundert aufgestockt und im 11. Jahrhundert durch eine Vorhalle erweitert. An die sakrale Funktion des massiven Baus mit seinen klaren Linien und Formen erinnert das Taufbecken, das in der Mitte in den Boden eingelassen ist und in das die Täuflinge zur Gänze eingetaucht wurden. Heute sind hier Fundstücke aus der Merowingerzeit ausgestellt.

Quimper ㉕. Schiefergedeckte Häuser aus Granit, Fassaden mit Fachwerk oder Schindeln, verwinkelte Gassen und Brücken prägen das Gesicht von Quimper. Aus dem Gewirr ragen die Türme der Kathedrale *Saint-Corentin* auf, die 1239 begonnen wurde. Das Filigran ihrer Türme erinnert an die hohen Spitzenhauben der alten bretonischen Tracht. Prächtige Glasfenster aus dem 15. Jahrhundert schmücken das Kircheninnere, aus der gleichen Zeit stammt die Alabasterstatue des heiligen Johannes. Das *Musée des Beaux-Arts* besitzt eine ausgezeichnete Sammlung flämischer, niederländischer und französischer Malerei. Im Bischofspalast aus dem 16. Jahrhundert ist ein bretonisches Museum eingerichtet. Wichtiger

riesige Sammlung romanischer Skulpturen sowie eine Zahl von Gemälden großer Meister. Die Kathedrale *Saint-Étienne* ist einer der merkwürdigsten Kathedralbauten, ein Mischmasch verschiedener Stile, der auf eine lange Bauzeit verweist. Die Längsachse wechselt mitten im Kirchenschiff, die Fassade ist uneinheitlich, hie und da ist etwas angefügt worden – und doch ist genau dieses zusammengewürfelte Ensemble, diese unorthodoxe Vielfalt hochinteressant und eine Art baugeschichtliches Puzzle, das zum Enträtseln lockt.

Troyes ㉚. Ein Gang durch die alten Straßen von Troyes versetzt den Besucher um Hunderte von Jahren zurück in die Zeit, als es die Hauptstadt der Champagne war. Geschichtsträchtige Fachwerkhäuser säumen den Weg. Ein bedeutender Bau der Frühgotik ist die Kirche *Saint-Urbain* mit ihrem lichten Innenraum (Baubeginn 1262). Architektur und elegante Glasfenster bilden eine harmonische Einheit. Unvollendet blieben die Türme der Kathedrale *Saint-Pierre-et-Saint-Paul* (13.–17. Jahrhundert), auch sie besitzt herrliche Glasfenster. Die gegenüberliegende Bibliothek ist mit weit über 200 000 Bänden eine der reichsten des Landes.

Versailles ㉛. Das prunkvolle Schloß ist Ausdruck des glanzvollen Hoflebens, das der Sonnenkönig Ludwig XIV. hier inszenierte. Ab 1661 ließ er das 30 Jahre vorher von Ludwig XIII. erbaute kleine Jagdschloß erheblich erweitern durch neue Flügel, Höfe, Gärten. Unter den Architekten Louis le Vau und Jules Hardouin-Mansart und dem Gartenarchitekten André Le Nôtre arbeiteten 36 000 Bauleute an der riesigen Anlage. Allein das Schloß ist über einen halben Kilometer lang. 1682 verlegte Ludwig XIV. Hof und Regierung von Paris nach Versailles. Der gesamte Hochadel, der dem König früher durch Machtambitionen zu schaffen machte, lebte unter seinem Dach, gezähmt mit Titeln, Pöstchen, Zuwendungen. 10 000 Menschen wurden in den Prunk- und Wohnräumen von ebensovielen Bediensteten versorgt. Gegen die Langeweile halfen glänzende Feste und Spiele im Schloß, vor allem im 75 Meter langen prunkvollen *Spiegelsaal*, und im streng symmetrisch angelegten Garten mit seinen Wasserspielen. Theaterdichter und Poeten sorgten für Unterhaltung. Intrigen und Affären brachten etwas Spannung in das Leben der Höflinge, das etwa ab 1690 in dem strengen Zeremoniell der Hofetikette mehr und mehr erstarrte.

Ankunft am Hof des Sonnenkönigs. – Die weiträumige Schloß- und Parkanlage von Versailles auf einem Gemälde des Malers Pierre Patel aus dem Jahr 1668. Der ausgedehnte Baukomplex wurde später von den Baumeistern Jules Hardouin-Mansart und Louis le Vau noch erheblich vergrößert.

Vézelay ㉜. Aus dem weich gewellten grünen Hügelland Burgunds steigt sanft der Bergrücken empor, den das Städtchen Vézelay bekrönt, als sei es mit ihm verwachsen. Eng drängen sich die graubraunen Häuser an der Straße, die sich durch den langgezogenen Ort hinaufschlängelt. Die Mühe des Anstiegs wird belohnt durch die berühmte romanische Basilika *Sainte-Madeleine*, deren wenig spektakuläre Schaufront zunächst enttäuscht. Doch betritt man die hohe Vorhalle, ziehen die drei Portale in Bann, die in die Hauptkirche hineinführen. Der meisterhafte Skulpturen- und Reliefschmuck findet seinen Höhepunkt im Tympanon des Mittelportals. Das lichte, ausgewogen proportionierte Langhaus aus vielfarbigen Steinen in Rot, Rosa, Ocker, Braun lädt zum Verweilen ein: Auf den skulpturierten Kapitellen kämpfen Dämonen und Ungeheuer, das Gute gegen das Böse, ganze Geschichten werden erzählt. Der gotische Chor aus weißem Kalkstein ist wie eine lichtdurchflutete Krone für die Kirche, die im Mittelalter wichtige Station unzähliger Pilger auf dem Weg nach Santiago de Compostela war.

FRANKREICH

155

Register

Kursive Ziffern verweisen auf Abbildungen

Personenregister

Aznavour, Charles 65

Balzac, Honoré de 59, *61*
Barbara 65
Bardot, Brigitte *63*
Bartholdi, Frédéric-Auguste 116
Baudelaire, Charles 59
Beaumarchais, Pierre Augustin Charon 59
Beauvoir, Simone de *60*
Belmondo, Jean-Paul *62*
Béranger, Jean de 65
Bischof von Beauvais 18
Bizet, Georges 59
Blum, Léon *22*
Bocuse, Paul 44
Bonnard, Pierre 41
Braque, Georges 41, 92
Brassens, Georges 65
Briand, Aristide *22*, 66

Cabrel, Francis 65
Camus, Albert *60*
Carax, Léos 63
Carné, Marcel 63
Cézanne, Paul 11, 36, *39*, 112, 133
Chabrol, Claude 63, *63*
Chagall, Marc 36, 41
Chanel, Coco *152*
Chéret, Jules *40*
Chevalier, Maurice 65, *65*
Chlodwig I. *14*, 15
Clair, René 63
Clairvaux, Bernhard von, Abt 18
Clerc, Julien 65
Cocteau, Jean 36, 63
Curtius, Ernst Robert 12

Debussy, Claude *61*, 65
Degas, Edgar 133
Delacroix, Eugène *39*
Derain, André 92
Descartes, René *60*
Dumas, Alexandre 65

Einhard 16
Escoffier, Auguste 41

Ferré, Léo 65

Flaubert, Gustave 59
Franz I., König 14, *20*, 23, 86, 109, 147

Gance, Abel 24
Gauguin, Paul *38*, 109
Gaulle, General Charles de *22*, 86
Gaumont, Léon 63
Giacometti, Alberto 41
Gilot, Françoise 36
Godard, Jean-Luc 63
Goethe, Johann Wolfgang von 44, 65
Gogh, Vincent van 36
Gréco, Juliette 65
Guerlain, Pierre François 90
Guilbert, Yvette 65

Haussmann, Georges Eugène, Baron 150
Heinrich IV. 23, 86
Hruotland, Graf 17
Huber, Jean 35
Hugo, Victor *61*

Ingres, Jean Auguste Dominique *38*

Jean I., Herzog von Berry 35
Jeanne d'Arc *17*, 18, 86

Kandinsky, Wassily 41
Karl der Große *14*, 16, 24, 86
Karl Martell *15*, 16, 151
Karl V. 14, 86
Karl VII., König *20*, 86
Kelly, Grace 40
Kemény, Zoltán 41
König Artus 18

Laclos, Choderlos de 59
Lalanne, Francis 65
Lalique, René 90
Lang, Jack 63
Le Corbusier 40
Léger, Fernand 36
Leo III., Papst 16
Leonardo da Vinci 110
Limburg, Herman von 35
Limburg, Jan von 35
Limburg, Paul von 35
Louis Philippe 36, 86

Löwenherz, Richard 116
Ludwig der Fromme 17
Ludwig der Heilige 18
Ludwig XII. 109
Ludwig XIV., König 12, 19, *21*, 23, 86, 109
Ludwig XVI. *20/21*, 23, 86
Lumière, Brüder 62, *62/63*

Malle, Louis 63
Manet, Edouard *38/39*
Marat, Jean-Paul *21*
Marie-Antoinette, französische Königin 23
Matisse, Henri 40, 41, 92
Mazarin, Kardinal 86
Medici, Katharina de *20*
Meliès, Georges 63
Mérimée, Prosper 59
Millet, Jean-François *38*
Mistinguett 65
Mitterrand, François *22*, 30, 66, *86*
Modigliani, Amedeo 41
Molière *60*
Monet, Claude 133, *133*
Montand, Yves 65, 66
Montesquieu, Charles de Secondat 86, 114
Morisot, Berthe *93*, 133

Nadar *86*, 133
Napoleon Bonaparte 23, 24, *24*, 35, 116, 135
Napoleon III. 86
Noisot, Claude 35
Nostradamus 88

Ophüls, Max 63

Parzival 18
Pathé, Charles 63
Paulhan, Jean 59
Philipp II., Herzog von Burgund 35
Piaf, Edith 65, *65*, 66
Picasso, Pablo 11, 36, 92, 112, *112*
Piccoli, Michel *63*
Poitiers, Diane de *20*
Pompidou, Georges *22*

Ravel, Maurice *61*

Renaud 65
Renoir, Auguste 11, 36, *133*
Renoir, Jean 63
Resnais, Alain 63
Richelieu, Kardinal 14, 86
Robespierre, Maximilien de *21*, 59, 86
Rodin, Auguste *45*
Rohmer, Eric 63
Rousseau, Jean-Jacques 59, *60*

Sade, Marquis de 59
Saint-Phalle, Niki de *39*
Sand, George *61*
Sartre, Jean-Paul *60*
Schongauer, Martin 116
Schuman, Robert 86
Schweitzer, Albert 66
Soutine, Chaim 41
Staël, Madame de 110
Stendhal 59

Tati, Jacques *62*, 63
Toulouse-Lautrec, Henri de *40*, 65
Trenet, Charles 65
Tristan 18
Truffaut, François 63
Tucholsky, Kurt 1
Turner, William 134

Vasarély, Victor 112
Villon, François 65
Voltaire 23, *60*

Watteau, Antoine *38*, 44
Wilhelm der Eroberer *16*, 18, 86, 115
Wilhelm, König von Preußen 23

Zola, Emile 59, *61*, 65

Orts- und Sachregister

Absolutismus 18
Académie Française 14
Aigues-Mortes 92
Aix-en-Provence 112, *112*
Albi 112
Albigenser 18
Alemannen 14

Alpen, französische 11
Amboise → Loireschlösser
Amiens 113
– Kathedrale *19*
Ancien Régime 44
Angoulême 14
Antibes 12, 36
Arles 113
– Arena *13*
– Kirche Saint-Trophime *113*
– Les Alyscamps *113*
– Place de la République *120*
Armagnac 111
Arras 113
Aufklärung 19
Autun 110
Avignon 18, 88
– Papstpalast *88*
Azay-le-Rideau
→ Loireschlösser

Basken 14, *102*
Beaune *30*, 110
Bédouin 88
Belle Époque 40
Biarritz *98/99*
Blois → Loireschlösser
Bordeaux 114, *114/115*
Bouillabaisse 44
Bourbonen 15, 18
Bretonen 14
Buchmalerei, mittelalterliche 35
Burgund 11, *31*
Burgunder 14

Caen 115, *115*
Cagnes-sur-Mer 36
Cahors 107
Calvados 18
Camaret-sur-Mer *50*, 108
Canal du Midi 87
Capbreton *96*
Carcassonne 115, *118/119*
Carpentras 88
Casteil 92
Céret 92
Champagne 111
Champagner 111
Chanson 65
Chantilly, Schloß 35
Charente 111
Chartres 11, 115

– Kathedrale Notre-Dame 115
Château Voltaire 35
Chaumont → Loireschlösser
Chenove, Burgund *30*
Cheverny → Loireschlösser
Cirque de Gavarnie *8/9*
Cîteaux 18
Clermont-Ferrand
– Notre-Dame L'Assomption *140*
– Notre-Dame du Port *140*
Cluny 18, 110
Code Civil 24
Code Napoléon 24
Cognac 111
Col d'Iséran *142*
Collioure *92, 117*
Colmar *114*, 116
– Isenheimer Altar 116
Concarneau *55*, 108
Concorde 11, *87*
Côte d'Azur 11, 36, *116*, *127 f.*

Deauville *48*
Départements 24
Dijon 110
Domme *93*, 107
Dordogne, Tal 12, *13, 94/95,* 107
– Belcastel *107*
– Beynac-et-Cazenac *107*
– Castelnaud *107*
Dritte Republik 19
Druiden 12
Dune de Pilat *97*

Elba 24, 35
Elne 92
Elsässer 11
Entrevaux *126*
Erster Weltkrieg 19
Eurotunnel 15, *85*

Feste 88
Fixin 35
– Musée Napoléonien Noisot 35
Fontainebleau, Schloß 35, *79,* 116
Fontevraud-l'Abbaye 116, *134*
«Franglais» 15, 84
Franken 84

Französisch-Guyana 11
Französische Nation 14
Französische Revolution 19, *20/21,* 65
Fünfte Republik 84

Gallia 12
Gallier 12
Galloromanentum 12
Goten 84
Gotik, Kathedralen 18
Gourdon 107
Grand Siècle 19
Grandes Écoles 24
Grasse → Parfum
Grimaldi-Kastell 36
Guimiliau *108*
Günsbach 66

Heiliges Römisches Reich 14
Herbes de Provence 41
Honfleur *6/7*, 134
Hugenotten 19, *20*
Hundertjähriger Krieg 18

Iberer 12
Île de France 18
Institut de France 36

Jakobiner 19

Kapetinger 18
Karolinger 16
Karolingische Renaissance 17
Kelten 12
Ketzer 18
Kino 59, *62/63*
Klosterreformen 18
Kollaboration 19
Kolonialismus *41*, 84
Korsika 135
– Bastia *134, 134/135*

La Chaise-Dieu, Auvergne *141*
La Napoule 40
La Rochelle 140
Lac du Chevril, Haute-Savoie *144/145*
Lafite 111
Landernau 108
Landivisiau 108
Langue d'oc 12
Languedoc-Roussillon *103*

Langue d'oïl 12
Lascaux, Höhlen 12, *13*
Latour 111
Le Faou 108
Le Puy *137*, 140
Les Baux 88
Les Eyzies 12, 107
Ligurer 12
Lille *135*
Loches → Loireschlösser
Locronan *56/57,* 108
Loireschlösser
– Amboise 110
– Azay-le-Rideau *108/109,* 109
– Blois 109
– Chambord *80/81,* 109
– Chaumont 110
– Chenonceaux 19, *79*
– Cheverny 109
– Loches 109
– Saumur 110
– Ussé *109*
Lorient *58*
Lothringen 11
Lourdes
– Grotte von Massiabielle *100*
– Kalvarienberg *100*
Lyon *135*

Malerei *35/36,* 36
Marne-la-Vallée *86*
Marseille 12, 140
– Palais Longchamp *10*
– Vieux Port 140
Megalithkultur *13*
Menschenrechte 19
Menton 36
– Musée Jean-Cocteau 36
– Salle des Mariages (Hôtel de Ville) 36
Merowinger 15
Metz *25*
Meuse *32/33*
Midi-Pyrénées *103*
Miniaturmalerei 17
Minnelieder 18
Mistral 83
Mittelalter 18
Mont Blanc 83, 140, *143*
Montmajour, Kloster *88*
Mont-Saint-Michel 35, *51,* 147

157

Morlaix 108
Mouton-Rothschild (Wein) 111
Musillac, Bretagne *54*
Muslime 16

Nationalkirche 19
Nîmes 92, 147
– Les Arènes *122*, 147
– Maison Carrée *121*, 147
Nizza 12, 36
– Hotel Negresco *129*
– Musée des Beaux-Arts Jules Chéret 40, *132*
– Musée national du Message biblique Marc-Chagall 36
– Promenade des Anglais *128*, 129
Normandie 11, *46/47*
Normannen 18
Notre-Dame-de-Jouarre, Abtei 16
Nouvelle Cuisine 44
Nouvelles villes 11

Okzitanisch 14
Orange 12, 88, 147
– Triumphbogen *88*
Orcival *140*

Parfum 90/91, *90/91*
Paris 18, 147
– Arc de Triomphe 150
– Centre Beaubourg (Centre national d'Art et de Culture Georges-Pompidou) *77*, 150

– Cité de la Musique 66
– Eiffelturm *67*
– Hôtel des Invalides 150
– Île de la Cité 147
– Jardin du Luxembourg *72/73*
– Kathedrale Notre-Dame *147*
– La Défense *66*, 150
– La Géode 66
– Les Halles Centrales *150*
– Montmartre 65
– Musée d'Orsay *75*, 150
– Musée du Louvre *75*, 147, *148*, 149, *149*
– Place des Vosges *71*
– Sacré-Cœur *70*, *86*
– Sainte-Chapelle 18
Pariser Kommune 19
Pastis 44
Pax Carolina 16
Périgord 12, 107
Perpignan 92
– Kathedrale Saint-Jean *88*
Plougastel 108
Ploumanac'h *55*
Poitiers 150
– Kathedrale Saint-Pierre *151*
Polignac *138/139*
Pont-Aven 109
Pont du Gard *124/125*
Prades 92
Provence *4/5*, 14, 36, *117 ff.*
Pyrenäen *8/9*, 16, 83, *104/105*

Quimper 108, 151

Reims 11, 153
– Kathedrale Notre-Dame 18, *34*
Résistance 19
Riquewihr, Elsaß *29*
Rocamadour 107
Rodern, Elsaß *26/27*
Rolandslied *15*, 17
Rouen 18
Rouffignac, Höhle 12

Saint-Denis 18
Saint-Genis-des-Fontaines 92
Saint-Jean-Cap-Ferrat 40
– Musée Ephrussi de Rothschild 40
Saint-Jean-de-Luz
– Kirche *101*
Saint-Malo 153
Saint-Martin-du-Canigou *106*
Saint-Paul-de-Vence 40, *127*
Saint-Rémy 88
Saint-Tropez *130/131*
Saintes-Maries-de-la-Mer (Les) 92, *122*, *123*
Sarlat 107
Saumur → Loireschlösser
«Savoir vivre» 65, 66
Scholastik 18
Sonnenkönig → Ludwig XIV.
Sorbonne 18
Souillac 107
Sprache 84
Strasbourg 153
– Kathedrale Notre-Dame *28*

Tafelfreuden 12, 42, *42/43*, 87
Talmont *97*
Teppich von Bayeux *16*, 18
TGV 11, 85, *87*
Tignes *142*
Toulouse 153
– Basilika Saint-Sernin 153
Tournus 110
Tours 16
– Kathedrale Saint-Gatien 15
Troubadoure 14, 18
Trouville *48*, *49*
Troyes 154

Vaison-La-Romaine 88
Val de Bénédiction *121*
Val de l'Ouche *2/3*
Val-d'Isère *146*
Vallauris 36
Valois 18
Vannes *52/53*
Verdun, Vertrag von 17
Verfassung, französische 19
Versailler Spiegelsaal 19
Versailles 19, 154, *154*
– Ehrenhof *78*
– Friedensvertrag 22
Vézelay 154
Villandry *82*, 110
Villeneuve-Loubet 41
– Musée de l'Art culinaire 41

Wein 111

Zweites Kaiserreich 59
Zweiter Weltkrieg 22

Text- und Bildnachweis

Textnachweis

Kurt Tucholsky, Gesammelte Werke, hrsg. von Mary Gerold-Tucholsky, Fritz J. Raddatz, Band 5. Reinbek bei Hamburg: Rowohlt Verlag 1975.

Bildnachweis

Air France Deutschland, Frankfurt/M.: S. 87 r.

Archiv für Kunst und Geschichte, Berlin: S. 14 (2), 16, 17, 20 o.l. und o.r., 21 u.l. und u.r., 22 o.l., 24 (2), 37, 38 o. und M., 38/39 o. und u.r., 40 r., 60 o.r., M.(2) und u. (3), 61 o.l., M.r., u.M. und u.r., 86 M. und u.l., 133 M., 154.

Bildarchiv Preußischer Kulturbesitz, Berlin: S. 12 M.l., 15 l., 20 M., u.l. und u.r., 20/21 (2), 21 o., 38 u.M., 60 o.M., 61 o.M. und u.l., 86 o.

Bilderdienst Süddeutsche Zeitung, München: S. 22 o.r., M. (3) und u. (2), 65 (3).

Heiko R. Blum, Köln: S. 62 u.r., 63 o.r. und u.

Coll. Sauvel/Explorer, Paris: S. 41 (2).

Deutsche Presse-Agentur, Frankfurt/M.: S. 86 u.r.

Claus Hansmann, München: S. 13 o. und M.r., 40 l., 90 o.l. und u.l.

Christian Heeb, Sankt Gallen: S. 64 (2), 67, 68/69, 70, 71 (3), 72/73, 74, 75 (2), 76 (2), 77, 78, 79 (2), 80/81, 108/109, 109 u., 134 l., 147, 148 (2), 149 o.

IFA-Bilderteam, München: S. 87 l., 91 o.r., 136.

Maison de la France, Frankfurt/M.: S. 43 M.r.

Musée Albert Kahn, Département des Hauts-de-Seine: S. 84 u., 85 u., 111 (3).

Office du Tourisme Grasse: S. 90 u.r., 91 u.r.

Photothèque des musées de la Ville de Paris: S. 61 o.r.

Renault Communication: S. 84/85.

Réunion des Musées Nationaux, Paris: S. 38 u.l., 60 o.l., 61 M.l., 133 o. und u., 149 M. und u.

Roger-Viollet, Paris: S. 15 r., 62 l., 62/63, 150, 152 u.l. und u.r.

Ernst Hermann Ruth, Nizza: S. 134 u.

Monika Siegfried-Hagenow, Bergneustadt: S. 134/135.

Staatliche Kunsthalle Karlsruhe: S. 39 o.r.

Stockfood Eising, München: S. 42 o.

© VG Bild-Kunst, Bonn 1994: S. 39 u.r., 40 l., 90 o.l. und u.l.

Alle übrigen Abbildungen stammen von Martin Thomas, Aachen.

Die Karten auf Seite 89, 151 und 155 zeichnete Astrid Fischer-Leitl, München.

Wir danken allen Rechteinhabern für die Erlaubnis zu Nachdruck und Abbildung. Trotz intensiver Bemühungen war es nicht möglich, alle Rechteinhaber zu ermitteln. Wir bitten diese, sich an den Verlag zu wenden.

Alle Angaben dieses Bandes wurden von den Autoren sorgfältig recherchiert und vom Verlag auf Stimmigkeit und Aktualität geprüft. Allerdings kann keine Haftung für die Richtigkeit der Informationen übernommen werden. Für Hinweise und Anregungen sind wir jederzeit dankbar.

Zuschriften bitte an Verlag C.J. Bucher, Lektorat; Goethestraße 43, 80336 München.

Impressum

Bildkonzeption: Axel Schenck
Lektorat: Cornelia Fischer, Susanne Kronester
Bilddokumentation: Katrin Seibert, Angelica Pöppel
Graphische Gestaltung: Verena Fleischmann
Herstellung: Angelika Kerscher

Technische Produktion: Fotosatz Ressemann, Hochstadt
Lithographie: Oestreicher + Wagner, München
Druck und Bindung: Grafedit, I-Azzano/Bergamo

© 1994 by Verlag C.J. Bucher GmbH, München
Alle Rechte vorbehalten
Printed and bound in Italy
ISBN 3 7658 0888 1

Panorama-Spezial
Die Exquisit-Klasse bei Bucher

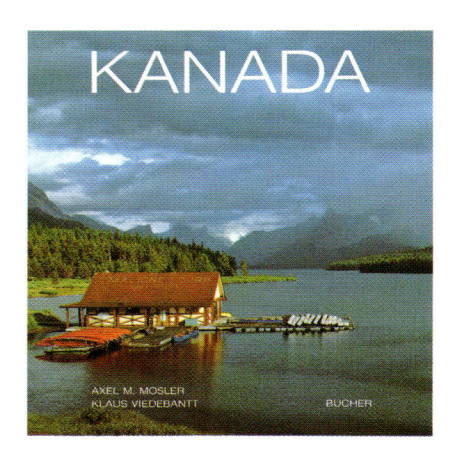

KANADA

Gigantische Gletscherwelt im Norden, die Rocky Mountains im Westen, die Ausläufer der Appalachen im Osten, die endlosen Ebenen der Getreidefelder und Weiden in den Prärieprovinzen, die riesigen Seengebiete im Südosten: Kanada, Traumland im hohen Norden von Amerika.
180 S., durchgehend farbig, mit hist. Bilddokumentation, mehreren Karten, geb., mit farb. Schutzumschlag, Schuber.

DER NORDEN

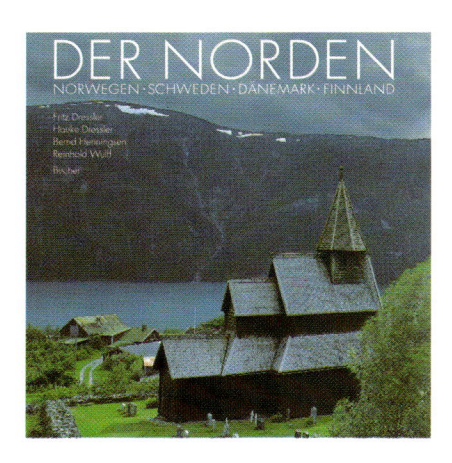

Der Norden – nur ein Synonym für Nordkap, Mitternachtssonne und Nordlicht? Oder für skandinavisches Design, Stabkirchen und tiefsinnig-melancholische Dichtung? Was verbindet die Länder des Nordens? Was trennt sie? Die großartigen Panorama-Aufnahmen und die kenntnisreichen Texte beantworten alle Fragen.
180 S., durchgehend farbig, mit hist. Bilddokumentation, 7 Karten, geb., mit farb. Schutzumschlag, Schuber.

RUSSLAND

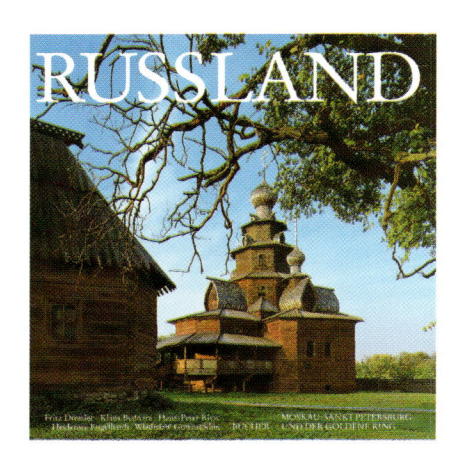

Rußland ist heute neu zu entdecken: ein Land unvorstellbarer Weite, geschichtsträchtige Städte mit prachtvollen Kirchen und Klöstern, das westlich-elegante Sankt Petersburg und «Mutter Moskau», die würdige Hauptstadt. Ein Land im Umbruch, eine Kultur zwischen Traditionsverbundenheit und Weltraumbegeisterung.
180 S., durchgehend farbig, mit hist. Bilddokumentation, Karten, geb., mit farb. Schutzumschlag, Schuber.

NEUSEELAND

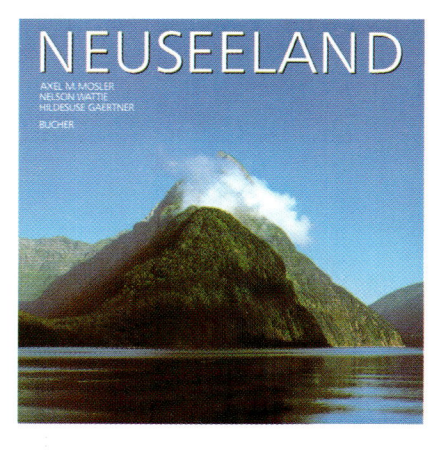

Neuseeland, Archipel aus zwei großen und mehreren versprengten kleinen Inseln, erscheint in seiner einzigartigen Vielfalt der Landschaftsformen wie ein Modell der Welt: Endlose Küstenstriche, schneebedeckte Gipfel und Gletscher, Bergseen, Fjorde mit steil abfallenden Felsufern, Geysire und vulkanische Kraterlandschaften, Wüstenstriche und subtropische Regenwälder.
180 S., durchgehend farbig, mit hist. Bilddokumentation, 7 Karten, geb., mit farb. Schutzumschlag, Schuber.

SPANIEN

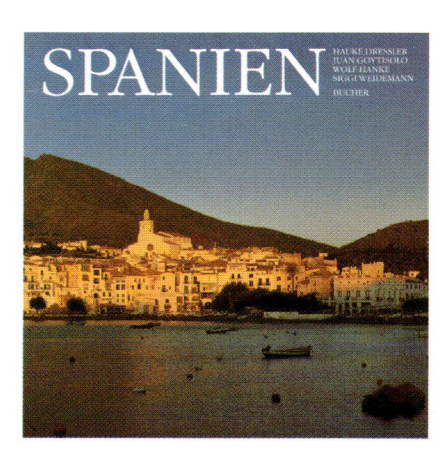

Seine Geschichte, geformt von christlicher und maurischer Kultur, hat Spanien immer entfernt vom übrigen Europa, hat den dort lebenden Menschen eine andere Sicht der Dinge gegeben. Daher ist das «Land hinter den Pyrenäen» heute immer noch für uns zu entdecken – jenseits der Klischees von Flamenco, von Stierkampf und dem sprichwörtlichen spanischen Temperament.
180 S., durchgehend farbig, mit hist. Bilddokumentation, Karten, geb., mit farb. Schutzumschlag, Schuber.

USA - DER SÜDWESTEN

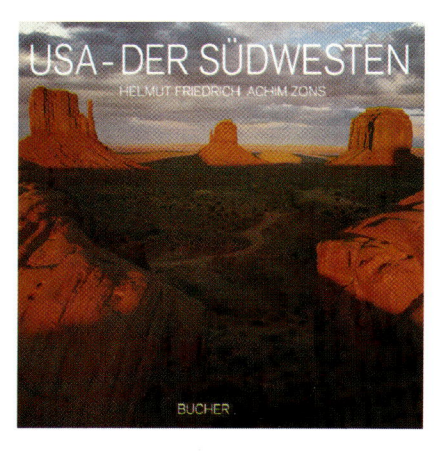

Das überwältigende Gefühl, in eine Welt versetzt zu sein, die mit menschlichen Maßstäben nicht zu messen ist, überkommt jeden, der die Canyonlandschaft im Südwesten der USA erlebt. Die einzigartigen brillanten Panoramafotografien kommen der natürlichen Wahrnehmung der großartigen Canyonlandschaft am nächsten.
180 S., durchgehend farbig, mit hist. Bilddokumentation, Karten, geb., mit farb. Schutzumschlag, Schuber.

BUCHER
Maßstab für Bildbandqualität

SCHOTTLAND

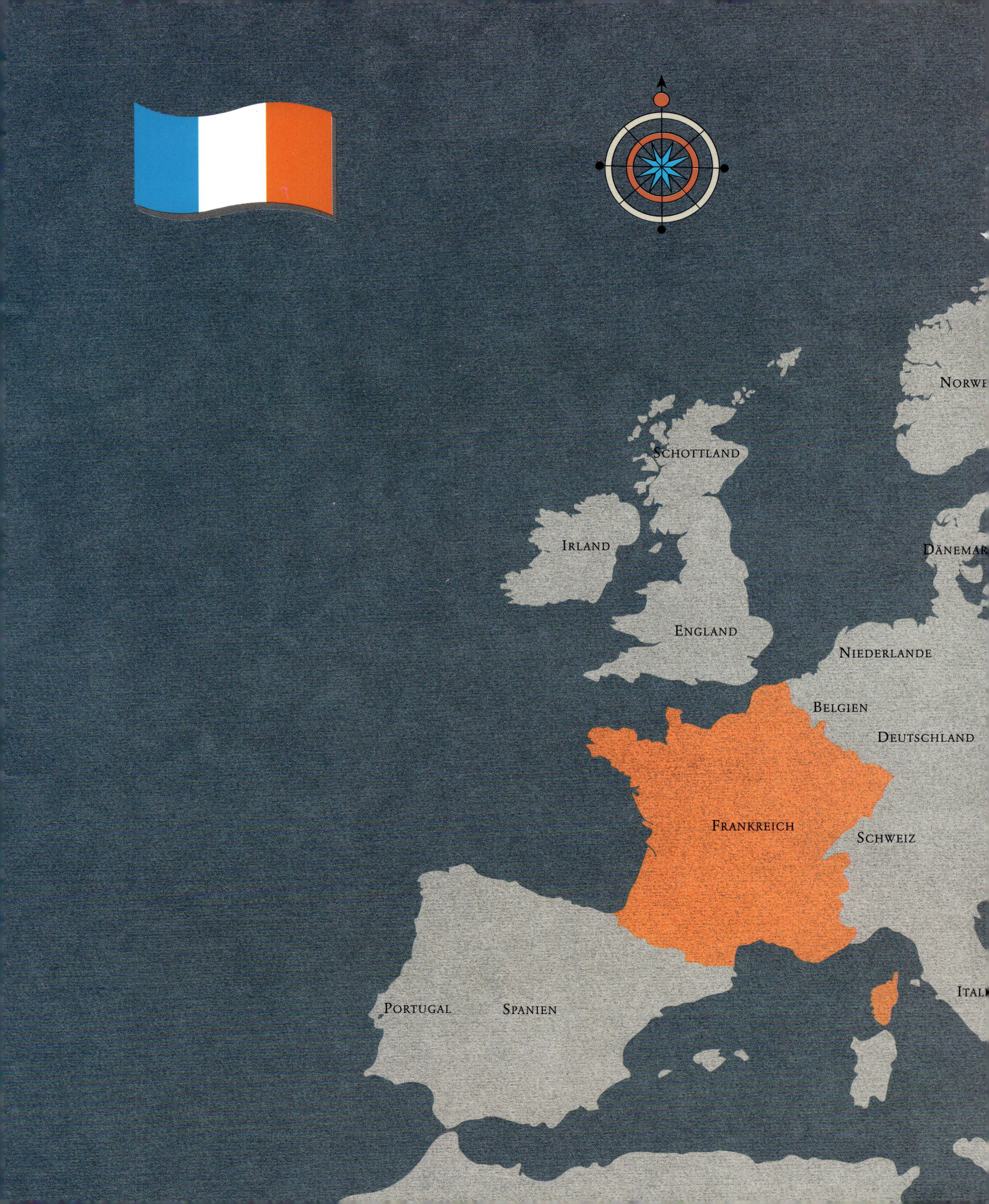

IRLAND

ENGLAND

NORWE

DÄNEMAR

NIEDERLANDE

BELGIEN

DEUTSCHLAND

FRANKREICH

SCHWEIZ

PORTUGAL

SPANIEN

ITAL